Horst Hanisch
Der praktische Bankett-Service

Horst Hanisch

Der praktische Bankett-Service

Vom Frühstück bis zum Abendessen

Deutscher Fachverlag

Die Deutsche Bibliothek – CIP-Einheitsaufnahme
Hanisch Horst:
Der praktische Bankett-Service : vom Frühstück bis zum
Abendessen / Horst Hanisch. [Zeichn. Ulrich Grünewald]. –
Frankfurt am Main : Dt. Fachverl., 1993
   ISBN 3-87150-414-9

ISBN 3-87150-414-9
© 1993 by Deutscher Fachverlag GmbH, Frankfurt am Main
Alle Rechte vorbehalten.
Nachdruck, auch auszugsweise, nur mit Genehmigung des
Verlages gestattet.
Zeichnungen: Ulrich Grünewald, Frankfurt am Main
Umschlag: Friederike Simmel, Frankfurt am Main
Satz: Fotosatz Boberg, 65232 Taunusstein
Druck und Bindung: Druckhaus Beltz, Hemsbach

Inhaltsverzeichnis

Vorwort 7

Teil 1
Das Frühstück 8

Allgemeine Regeln 8

1. Das à-la-carte Frühstück 8
   Vorbereitung zum à-la-carte Frühstück 8
   Der Service beim à-la-carte Frühstück 15
   Der Service beim Kontinentalen
   Frühstück 17
   Frühstücksvariationen 18

2. Das Frühstücksbuffet 19
   Vor- und Nachteile 19
   Hygiene beim Frühstücksbuffet 20
   Die Buffetform 21
   Geschirr und Dekorationsmaterial
   auf dem Buffet 23
   Speisen und Getränke auf dem Buffet 23
   Der Service beim Buffet 28
   Der Gäste-Fragebogen 31

3. Der Room-Service 33
   Allgemeines 33
   Der Frühstücksbestellzettel 34
   Der Frühstücksservice 35
   Vorbereitungen für den nächsten
   Morgen 47

Teil 2
Der Bankett-Service 51

1. Vorbereitungen zum Bankett-Service . 51
   Die Wahl der Tafelform 51
   Das Eindecken einer rechteckigen
   Tafel 52
   Das Eindecken einer runden Tafel ... 58

2. Verschiedene Service-Arten 62
   Französischer Service 62
   Wein-Service 65
   Feiner Bankett-Service 66
   Schloß-Service 71
   Lawinen-Service 72
   Stations-Service 76
   Buffet-Service 76

3. Pläne zum Bankett-Service 77
   Arbeitsplan für einen besonderen
   Anlaß 77
   Organisationsplan 78
   Tafelorientierungsplan 79
   Zeitplan 79
   Gästesitzplan 80

Teil 3
Die korrekte Sitzplan- und
Rangordnung 82

1. Allgemeines 82
   Einige Grundregeln 83
   Die Rangfolge 84
2. Geschäftliche Anlässe 85
3. Privater Familienkreis 96
3. U-Form/Hufeisen-Form 101
5. Sonstige Formen 104
6. Die Rang- und Platzordnung im
   privaten Leben 105
7. Die Rang- oder Platzordnung im
   öffentlichen Leben 106

Teil 4
Verschiedene Bankett-Arten 110

1. Katerfrühstück 110
2. Kuchentafel 112
3. Geschäftsessen 113
4. Fondue 115
5. Raclette 118
6. Wildessen 119
7. Rittergelage 120
8. Barbeque 121
9. Candle-Light-Dinner 123
10. Schaffermahlzeit 124
11. Fürstliches Mahl 128
12. Logen-Essen 129
13. Buffet 131
14. Hochzeitsessen 132
15. Sylvester-Menu 134
16. Diner Amical 136

Teil 5
Mitarbeiter im Service 140

1. Organigramm 140
2. Vorgesetzte, Mitarbeiter, Kollegen ... 140

Vorwort

Liebe Leserin, lieber Leser,

Bankettveranstaltungen jeglicher Art nehmen in der Gastronomie einen unvermindert hohen Stellenwert ein. Ob es sich dabei um Seminare und Tagungen, Betriebs- und Geburtstagsfeiern oder große Gala Diners und Kongresse handelt – die Durchführung von Banketten verbessert nicht nur die Gewinnsituation, sondern trägt darüber hinaus erheblich zur Imageaufwertung des Hauses bei.

Allerdings genügt es heute nicht mehr, lediglich ein perfektes Umfeld, geschmackvoll zubereitete Speisen und einladende Räumlichkeiten anzubieten. Der Gast ist weitaus anspruchsvoller geworden, und dies mit Recht, denn in der Regel legt er relativ viel Geld für die gewünschten Leistungen „auf den Tisch". Immer häufiger also wird der Kunde bei schlechtem Service auf einen anderen Betrieb ausweichen, auch wenn die oben angeführten Punkte wie Umfeld, Speisen und Räumlichkeiten lobenswert sein mögen.

Betrachten wir einen vielfältigen gastronomischen Betrieb, werden wir feststellen, daß es oft gerade am Service hapert. Es ist an dieser Stelle nicht unser Anliegen, die mannigfaltigen Ursachen für Personalprobleme zu klären. Wir wollen vielmehr zeigen, wie durch gute Organisation und durch sauberen, freundlichen Service die anderen Leistungen des Hauses unterstrichen werden können. Mit anderen Worten, wir wollen aus dem Gast einen Stammgast machen.

Da der Tag bekanntlich mit dem Morgen beginnt und wir wissen, daß viele Menschen als „Morgenmuffel" bezeichnet werden, ist es naheliegend, daß bereits während des Frühstücks die Weichen für die (Un)Zufriedenheit des Gastes durch das Personal gestellt werden können. Die Bedeutung des Frühstücks wird außerdem ersichtlich, wenn man sich vor Augen hält, daß mit dieser Mahlzeit ein erheblicher Umsatz im Food & Beverage-Bereich getätigt wird.

Wir beginnen daher in diesem Buch mit dem Frühstücksbereich (à-la-carte, Buffet und Room-Service). Zunächst werden die anfallenden Arbeiten ausführlich geschildert. Die einzelnen Schritte lassen sich, entsprechend angepaßt, auf alle anderen Mahlzeiten des Tages übertragen. Im weiteren werden verschiedene Service-Arten beschrieben und der jeweilige Ablauf genauestens erklärt. Eine Reihe von Arbeits- und Organisationsplänen sowie Vorlagen für eine korrekte Sitzplanordnung machen mit den organisatorischen Anforderungen bei einer Bankettveranstaltung vertraut. Ganz bewußt wurde dabei von bestimmten (inzwischen überholten) Begriffen Abstand genommen. Wir leben in einer jungen, dynamischen Zeit, was sich in unserem Service widerspiegeln kann.

Liebe Leserin, lieber Leser, bitte vergessen Sie nicht, daß Sie es sind, die Ihrem Betrieb den letzten Schliff geben können. Sie stehen mit dem Gast direkt in Verbindung. Unser Vorschlag deshalb: Suchen Sie sich aus dem vorliegenden Buch diejenigen Themen und Kapitel zusammen, die für Sie wichtig sind. Übertragen Sie das Gelesene auf Ihr Unternehmen und vor allem: wenden Sie es an! Viel Spaß beim Lesen und Umsetzen in die Praxis wünscht Ihnen

Horst Hanisch

Teil 1

Das Frühstück

Allgemeine Regeln

Alle Gäste, die den Frühstücksraum zum Frühstück betreten, müssen höflich gefragt werden,
- ob sie Gast des Hauses sind,
- ob sie ein Arrangement gebucht haben, in dem das Frühstück bereits verrechnet ist,
- ob die Gäste durch Personen begleitet werden, die keine Hausgäste sind.

Stellt sich heraus, daß ein Gast das Frühstück noch nicht bezahlt hat (kein Hausgast, kein Arrangement usw.), so hat der Service-Angestellte die Buchung über den Frühstücksbetrag vorzunehmen und den anfallenden Betrag abzukassieren oder als „Restant" abzurechnen.
In einigen Häusern ist es üblich, daß das Frühstück grundsätzlich extra berechnet wird. Dazu sitzt oder steht eine Frühstückshostess am Frühstücksraum-Eingang, um die oben aufgeführten Fragen zu klären. Man möchte vermeiden, daß Gäste ohne Bezahlung ein Frühstück zu sich nehmen.
Fehlt die Hostess, so kann man den eintretenden Gast nicht gleich „überfallen"; man wird ihn erst Platz nehmen lassen bzw. ihm einen Platz zuweisen. Erst hier versucht man, durch höfliches Fragen die o.a. Fragen beantwortet zu bekommen.
Häufig führt der Hotelgast seinen Zimmerschlüssel mit, was schon als Zeichen dienen kann, daß er im Haus wohnt. Der erfahrene Hotelgast läßt den Zimmerschlüssel dann so auf dem Frühstückstisch liegen, daß die Servicekraft die Zimmernummer leicht ablesen kann.
Da immer mehr Häuser elektronische Zimmerschlüssel einführen, ist eine Nachfrage jedoch meistens unumgänglich.

1. Das à-la-carte Frühstück

Vorbereitungen zum à-la-carte Frühstück

1. Der Frühstücksraum wird am Vorabend bereits zum Frühstück eingedeckt.
2. Der Raum ist staubgesaugt.
3. Die Stühle stehen so, daß die Kante der Sitzfläche mit der Tischkante abschließt.
4. Auf dem Frühstückstisch sind die folgenden Dinge eingedeckt:
   - das Frühstücksgedeck
   - die Frühstückskarte
   - Zucker-Mise-en-place
   - ein kleiner Blumenstrauß
   - ein Tischabfalleimer oder Resteeimer, sofern das Frühstück in Portionspackungen angeboten wird.
   Auf Grund des steigenden Umweltbewußtseins gehen immer mehr Betriebe davon ab, die „hygienisch" verpackte Einzel-Ware anzubieten. Möglicherweise entfällt damit der Tischabfalleimer.
   - Aschenbecher (Ausnahme: In einem sehr exklusiv geführten Restaurant, in dem genügend aufmerksame Service-Fachkräfte bereitstehen, um sofort einen Aschenbecher einzudecken, sobald ein Gast rauchen möchte).
   In Nichtraucher-Räumen entfällt der Aschenbecher.
   - eventuell eine „Hauszeitung".

Eine Hauszeitung kann so aussehen:

Abb. 1

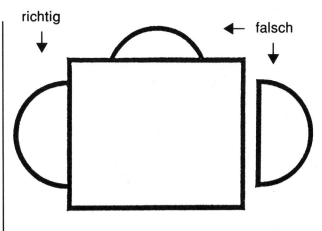

Abb. 3

5. Die Tische stehen parallel zueinander, sofern sie nicht aus optischen oder praktischen Gründen asymmetrisch gestellt werden müssen. Sie können auch, speziell bei einer großen freien Fläche, um 45° gedreht werden.

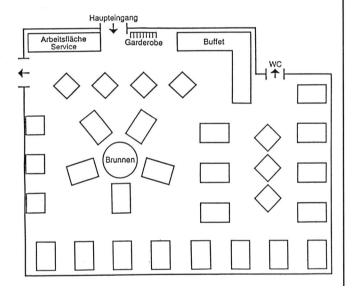

Abb. 2

6. Grundsätzlich stehen die Stühle so, daß die Tischkante mit den Stuhlkanten abschließt, d.h. die Stühle werden nicht unter die Tischplatte geschoben, stehen aber auch nicht von der Tischkante weg.
Nicht nur aus optischen Gründen stellt man die Stühle so an. Man erkennt sofort die exakte Sitzfläche, die man bei einem vollbesetzten Raum benötigt. Es ist sehr unangenehm, wenn Stühle und Tische zu eng aneinander stehen, so daß der Gast in seinem Rücken den Nachbarn spürt. Auf diesem Bild sieht man Stühle und Tisch von oben aus betrachtet:

7. Da das Frühstück in der Regel die erste Mahlzeit am Tage ist, hat man als Service-Kraft die Pflicht, dem manchmal noch unausgeschlafenen Gast eine für ihn angenehme Atmosphäre zu schaffen und ihn auf diese Weise auf einen unter Umständen anstrengenden Tag möglichst positiv einzustimmen.
Zum perfekten Frühstücks-Service zählt hier auch ein entsprechender Frühstücksraum.
Folgende Eigenschaften zeichnen einen angenehm wirkenden Frühstücksraum aus:
– allgemein ruhige Atmosphäre
– helle Räumlichkeit
– bei gutem Wetter geöffnete oder teilweise geöffnete Fenster (nicht bei Air-Condition)
– saubere Mise-en-place
– leise, unaufdringliche Hintergrundmusik
– der Raum muß allgemein sauber sein

Das Frühstückspersonal unterstützt, indem es:
– freundlich und zuvorkommend,
– ausgeschlafen,
– aufmerksam
– und flott ist.

8. Schon der Weg zum Frühstücksraum muß genügend ausgeschildert sein, so daß der Gast nicht erst durch das ganze Haus irrt, um sein Frühstück einzunehmen.
Hinweisschilder können trotz allem dezent sein und sich gut in die allgemeine Innenausstattung einpassen.

9. Auch in den Personenaufzügen empfiehlt sich, speziell bei größeren Häusern, einen Hinweis auf den Frühstücksraum zu geben.

o	9. Etage
o	8. Etage
o	7. Etage Hallenbad
o	6. Etage Sauna, Solarium
o	5. Etage
o	4. Etage Banketträume III–VIII
o	3. Etage Banketträume I–II
o	2. Etage Französisches Restaurant
o	1. Etage Frühstücksraum
o	Halle, Reception, Bankschalter
o	Shops, Tanzsaal, Diskothek
o	Parkdeck B
o	Parkdeck A

Abb. 4

10. Vor dem Frühstücksraum selbst kann ein schön gestaltetes Schild zum Frühstück einladen.

```
Wir wünschen Ihnen einen
guten Morgen

Unser reichhaltiges Frühstücksbuffet
steht für Sie täglich zwischen
7 und 11 Uhr bereit.

Guten Appetit
```

Abb. 5

11. Der Tischabfalleimer
Schon oben wurde kurz auf den Abfalleimer eingegangen. Sollte dieses Eimerchen benutzt werden, sind folgende Punkte zu beachten:
– Der Eimer hat grundsätzlich außen wie innen absolut sauber zu sein.
– Nachdem der Gast den Tisch verläßt, ist der Eimer abzuräumen, auszuleeren und auszuwaschen.
– Wird er nur ausgeleert, besteht die Gefahr, daß durch auslaufende Feuchtigkeit (z.B. bei Kaffeesahnedöschen), Papiere oder Verpackungsmaterial im Eimerinneren kleben bleiben.

12. Die Frühstückskarte
Liegt eine Frühstückskarte auf dem Tisch aus, so muß diese immer in absolut sauberem Zustand sein. Auch der kleinste Kaffeefleck verunziert die Karte und hat somit nichts mehr auf dem Gästetisch zu suchen. Es hat sich bewährt, die Frühstückskarte möglichst einfach und übersichtlich zu halten. Der Gast wünscht in der Regel nicht, sich morgens durch eine sehr umfangreiche Karte durcharbeiten zu müssen.

Beispiel einer Frühstückskarte:

```
EINFACHES FRÜHSTÜCK
Tasse Kaffee oder Tee, Brötchen, Butter, hausgemachte
Marmelade
DM _____

FRÜHSTÜCK HOTEL _____
Kännchen Kaffee, Tee oder Schokolade, Brot,
Brötchen, Croissant, Butter, kleiner Wurstaufschnitt,
hausgemachte Marmelade, Honig, Frühstücksei
DM _____

EXTRAS
Frisch gepresster Orangensaft          DM _____
Cornflakes, Milch                      DM _____
Joghurt                                DM _____
Gekochtes Ei                           DM _____
2 Eier im Glas                         DM _____
2 Spiegel- oder Rühreier               DM _____
Käseaufschnitt                         DM _____
Wurstaufschnitt                        DM _____
Portion Butter                         DM _____
Brot oder Brötchen                     DM _____
```

Abb. 6

13. Das Frühstücksgedeck
Auch Frühstückscouvert genannt.
Je nachdem, was als Frühstück gereicht wird, wird auch das Frühstückscouvert eingedeckt.
Als Grund-Frühstücksgedeck soll im folgenden das Gedeck genannt werden, das immer einzudecken ist. Eventuell wird man im ein oder anderen Fall von einem Mittelteller und einer Mittelgabel absehen:
– Mittelmesser
– Mittelgabel
– Mittelteller
– Serviette

Das Geschirr für das warme Getränk ist hier nicht mit eingedeckt, da möglicherweise erst bei Bestellung des Getränks eingedeckt wird.

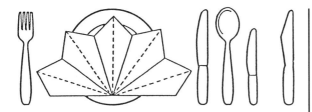

Abb. 7

Das erweiterte Frühstückscouvert ist folgendermaßen eingedeckt:
- Mittelmesser
- Mittelgabel
- Mittelteller
- Serviette
- Kaffeeunterteller
- Kaffeelöffel
- Kaffeetasse (sofern diese nicht gewärmt nachgereicht wird)

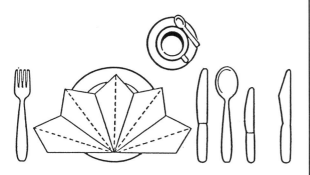

Abb. 8

Zusätzlich werden oft folgende Dinge auf dem Tisch eingedeckt:
- Salz und Pfefferstreuer
- Zucker
- Tischabfalleimer
- Blumensträußchen
- Tischnummer
- Tischkarte
- Ascher

14. Der Zuckerservice
Es gibt verschiedene Möglichkeiten, wie der Zucker auf dem Tisch präsentiert werden kann:
a. Der Zucker ist einzeln verpackt und liegt auf einem Tellerchen oder in einer flachen Zuckerschale. Die Beschriftung zeigt immer nach oben.
b. Der Zucker ist einzeln verpackt und in einer Zuckerbowle.
c. Unverpackte Zuckerwürfel liegen in einer Zuckerbowle. Dazu wird eine Zuckerzange gereicht, damit der Gast den Zucker nicht mit den Fingern anfassen muß.
d. Streuzucker aus einem Zuckerstreuer. Das Bedienungspersonal achtet darauf, daß der Zuckerstreuer gereinigt und die Tülle nicht verstopft ist.
e. Streuzucker in einer Zuckerbowle. Man gibt hierzu einen kleinen Zuckerlöffel oder einen Kaffeelöffel.
f. Streuzucker in Tütchen. Man beachte, daß auch hier immer die Beschriftung nach oben zeigt.
Die Tütchen werden auf einem Teller serviert, liegen in einer Schale oder stecken in einem speziellen (Plastik-)Behälter. Streuzucker wird morgens eigentlich nur zu heißer Schokolade oder zu Kakao benutzt, da sich hier der Zucker besser auflöst.
Aber auch bei Espresso oder Cappuccino findet er häufig Verwendung.
g. Süßstoff, einzeln in Tütchen verpackt. Meistens in einem speziellen Behälter. Aber auch flüssiger Süßstoff oder Süßstoffpastillen aus speziellen Spendern. Dieser Spender gibt auf Druck immer nur ein Stückchen Süßstoff frei, damit die Dosierung gezielter erfolgen kann.
h. Kandiszucker in allen Variationen. Grober bis sehr feinkörniger, brauner und weißer Kandiszucker. Dieser liegt in offenen Schalen oder Bowlen.
Auch hierzu reicht man eine Zange bzw. einen Kaffee- oder Zuckerlöffel. Kandiszucker wird gerne zu Tee getrunken.
i. Verschiedene Sorten Zucker in einer speziellen Zuckerschale. Hierauf könnte man finden:
- braunen Würfelzucker
- Kandisstücke
- verschiedenfarbige Kandiszuckerstücke

Solch eine Zuckerschale wird allerdings selten zur Frühstückszeit verwendet, außer es handelt sich um eine Gruppe teetrinkender Gäste.

j. Ausschließlich für den Tee geeignet: karamelisierter Zucker, direkt auf ein kleines Holzstäbchen gezogen.
Mit diesem Stäbchen kann man den Zukker direkt in den Tee einrühren. Eine sehr originelle Idee.

15. Was gehört nicht auf den Frühstückstisch?
    a. Außer Salz und Pfeffer keine weiteren Gewürze.
    Salz und Pfeffer werden benötigt für alle Eiergerichte, Wurst, Schinken, Käse, Tomatensaft.
    b. Reklameaufsteller oder Reklamezeitschriften. Da beim Frühstück der Tisch meistens sowieso schon überladen ist, sind Reklameblätter oder -aufsteller normalerweise störend.
    In einigen Häusern, speziell in Ferienhotels, in denen die meisten Gäste Pension gebucht haben und länger als einen Tag bleiben, hat sich eine sogenannte Tageszeitung, auch Haus- oder Morgenpost genannt, empfohlen. In dieser hausinternen Post wird einiges über die Umgebung, Wandervorschläge, Sehenswürdigkeiten usw. erzählt.
    Darüber hinaus sind dort meist die Menüvorschläge für den Abend aufgeführt sowie eine kleine Anekdote oder das Animationsprogramm, das das Hotel an diesem Tag seinen Gäste zu bieten hat.

Abb. 9

Wird solch eine Hauspost auf dem Frühstückstisch untergebracht, hat es sich aus Platzgründen empfohlen, diese unter den Frühstücksteller zu klemmen oder zu legen.

12 Teil 1 Das Frühstück

c. Hinweise auf alkoholische Getränke entfallen (Ausnahme eventuell Champagner).
d. Hinweise auf sonstige Einrichtungen des Hauses.

16. Das Frühstücks-Office
Das Frühstücks-Office ist am besten dort eingerichtet, wo es möglichst nahe an den Frühstücksraum angrenzt, damit lange Laufwege vermieden werden.

Beispiel für die Anordnung eines Frühstücks-Office:

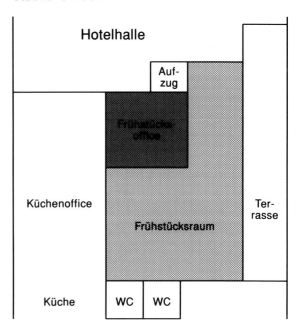

Abb. 10

17. Ausstattung des Frühstücks-Office:
    – abwaschbare Schränke
    – abwaschbare Arbeitsflächen
    – Boden komplett mit Kacheln ausgelegt
    – Wände in Arbeitshöhe mit Kacheln ausgestattet
    – Handwaschbecken
    – Kalt- und Warmwasserzufluß, auch Spülbecken mit hoch angebrachtem Wasserhahn, damit auch Eimer untergestellt werden können
    – abschließbare Warenschränke
    – ausreichend und helle Beleuchtung
    – genügend Arbeitsfläche
    – aber insgesamt nicht allzu groß, damit die Wege zwischen den einzelnen Arbeitsplätzen nicht zu weit auseinander liegen.

18. Einrichtungen des Frühstücks-Office:
    - Kaffeemaschine
    - Schrank mit Kaffee, Zucker, Tee, Schokolade usw.
    - Schrank oder Regal mit Konfiture, Honig, Brotaufstrich usw.
    - Schrank oder Regal mit dem benötigten Frühstücksgeschirr
    - Tisch zur Vorbereitung von Tabletts
    - Abräumwagen für den Room-Service
    - Wandtafel
    - große Wanduhr
    - hausinternes Telefon
      Neben dem Telefongerät liegt grundsätzlich ein Notizblock oder ein Bonbuch (speziell für den Room-Service) sowie ein Schreibstift, der sinnvollerweise angebunden wird.
    - eventuell Rohrpost zur Empfangskasse
    - Registrierkasse
    - eventuell Computereingabegerät
19. Sehr geeignet ist ein Telefonapparat, auf dem man die anwählende Telefonnummer ablesen kann. Die Service-Fachkraft erkennt sofort die anwählende Zimmernummer und kann so anhand der bereitliegenden Belegungsliste den Namen des anrufenden Gastes ersehen. Auf diese Weise ist es möglich, den Gast direkt mit seinem Namen anzusprechen.

    Nachfragen wegen falsch verstandener Namen oder Zimmernummern erübrigen sich somit fast immer.

    Beispiel einer (vereinfachten) Belegungsliste:

    DATUM _____

Zimmernummer	Name	Personen
114	Dr. Rübsahl	2
117	Schneider	2
121	Mählmann	3
128	Knebel	2
129	Distel	1
209	Schneidewind	2
211	Holderried	2+1
213	Dr. Waldauf	3

    Abb. 11

    Genaueres zur Belegungsliste ist im Kapitel „Room-Service" nachzulesen.
    Weiter gehören in ein Frühstücks-Office:

    - großer Papierkorb
    - großer Abfalleimer
    - Zigarettenabfalleimer
    - Besen
    - Regal mit Mise-en-place wie Zierdeckchen, Papierservietten, Sets usw.
    - Wäscheschrank, in dem die Frühstückswäsche zwischengelagert wird
    - Mundservietten
    - Poliertücher
    - Handservietten
    - Putztücher
    - Putzeimer
    - Tablettschrank
    - Tassenrechaud
    - Brotschneidemaschine oder Brotbrett mit Brotmesser
    - Serviceplan bzw. Diensteinteilung des Service-Personals
    - Erste-Hilfe-Kasten
    - Übersicht über die Zimmer
    - Liste der anwesenden Gäste
    - Fluchtplan

20. Das Frühstücksgeschirr

    Das Frühstücksgeschirr soll stapelbar, maschinenfest und bruchsicher sein. Es empfiehlt sich ein freundliches Dekor.
    Folgendes Frühstücksgeschirr zählt zur Grundausstattung:
    - Kaffeetassen
    - Kaffeeuntertassen
    - Mittelteller
    - kleine Tafelteller, z.B. für Omeletts
    - tiefe Teller, z.B. für Porridge
    - Kaffeelöffel
    - Mittelmesser
    - Mittelgabeln
    - Mittellöffel, z.B. für Cornflakes
    - Eierlöffel
    - Zuckerlöffel
    - Sahnelöffel
    - Eierbecher
    - Tischabfalleimer
    - Kaffeekännchen
    - Teekännchen
    - Sahnekännchen
    - Kännchen für heiße Milch
    - Kännchen für heißes Wasser zum Tee
    - Teebeutelablagen
    - Brotkörbchen
    - Konfiturenbehälter oder -schalen
    - Zuckerstreuer oder -schalen

Teil 1 Das Frühstück

- Salzstreuer
- Zuckerstreuer
- Aschenbecher
- Zahnstocherhalter
- sonstige Menagen

Gibt es ein Frühstücksbuffet, so benötigt man zusätzlich das folgende Geschirr:
- Vorlegebestecke
- Schalen
- Schüsseln
- Coupes
- Dessertlöffel
- Suppentassen
- Suppenuntertassen
- Suppenlöffel
- Obstmesser
- Fingerbowlen
- Saftgläser
- Sektkelche
- Sektkühler

Um Platz zu sparen, stehen die Kaffeekännchen mit dem Griff nach rechts zeigend im Regal.

Ebenso werden die gestapelten Kaffeetassen mit dem Griff nach rechts nebeneinander aufgestellt.

Kaffeeunterteller werden gleich mit kleinen „Tropfauffangdeckchen", sogenannten Klekkerdeckchen, versorgt und dann gestapelt.

21. Kaffeetassen im Frühstücks-Service.

Wenn es technisch und zeitlich möglich ist, sollen die Kaffeetassen vorgewärmt werden, damit der eingeschenkte Kaffee nicht so schnell abkühlt.

Die Tassen stehen im Frühstücks-Office in einem speziellen Tassenrechaud (Warmhalteschrank).

Der kann so aussehen:

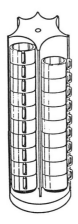

Abb. 12

Sobald ein Gast Kaffee oder Tee bestellt, werden die warmen Tassen mit an den Tisch gebracht und dort mit dem Getränk eingesetzt.

Bedient sich der Gast am Frühstücksbuffet mit warmen Getränken, steht dort ein Tassenrechaud bereit.

22. Neben dem oben erwähnten Geschirr und den Materialien stehen im Frühstücks-Office auch noch Lebensmittel bereit. Dies sind:
- Konfiture
- Honig
- Diätkonfiture
- Brotaufstrich
- Nußnougatcreme
- Butter, gekühlt
- Margarine
- Diätmargarine
- Fruchtsäfte
- Käseportionen
- (verpackte) Brotsorten
- alle Getreidearten
- Cornflakes
- Früchte

Dazu kommen täglich frisch:
- Käseaufschnitt gekühlt
- Wurstaufschnitt gekühlt
- Fleischaufschnitt
- Gemüse, wie z.B. Tomaten
- Eier
- Joghurt, gekühlt
- Müsli, gekühlt
- Brötchen
- Brotsorten

Vorbereitungsarbeiten des Frühdienstes

1. Das Service-Personal, das zum Frühstücksdienst eingeteilt ist, holt sich (am Empfang) die Zimmerbelegungsliste.

Diese Belegungsliste kann von einem Nachtportier bereits an eine dafür vorgesehene Stelle im Frühstücks-Office oder im Frühstücksraum gelegt worden sein.

Auf der Belegungsliste sind folgende Angaben vermerkt:
- bewohnte Zimmer (mit Zimmernummern)
- Namen der dort wohnenden Gäste
- Anzahl der Personen pro belegtem Zimmer
- Buchungs-Arrangement der Gäste
- Abreisedatum der Gäste
- eventuell Besonderheiten über die Gäste

Achtung: Diese Liste unterliegt dem Datenschutz!
2. Die Service-Fachkraft betritt den Frühstücksraum.
3. Das Licht wird eingeschaltet.
4. Fenster werden geöffnet oder geklemmt (schräg gestellt), bei bereits gut durchlüfteten Räumen geschlossen.
5. Heizung eventuell herunterdrehen.
6. Leise Hintergrundmusik einschalten.
7. Kaffeemaschine, Milchmaschine, Tassen- und Tellerrechaud einschalten, sofern dies nicht schon durch einen Nachtdienst erledigt wurde.
8. Alle Vorbereitungsarbeiten im Office ausführen.
9. Blumen auf die Frühstückstische bringen.
10. Eventuell Frühstücksbuffet fertig aufbauen.
11. Türen aufschließen, damit Hotelgäste den Frühstücksraum betreten können.

Der Service beim à-la-carte Frühstück

1. Bei dieser Frühstücksart, die oft in gut besuchten Cafés angeboten wird, geht man davon aus, daß der Gast sich sein Frühstück weitestgehend selbst zusammenstellt.
   Die Gerichte werden à-la-minute vorbereitet und individuell serviert.
2. Um das à-la-carte-Geschäft etwas zu erleichtern, sind die meisten dazu übergegangen, eine Frühstückskarte zu entwerfen, auf der bereits einige Frühstückskombinationen vorgeschlagen werden.
   Eine etwas exklusivere Karte könnte so aussehen:

Einfaches Frühstück
Tasse Kaffee oder Tee, hausgemachte Konfiture, Butter, Brot

DM _____

Französisches Frühstück
Kännchen Kaffee, Kakao, Café au lait oder Milch Croissant, Butter, hausgemachte Konfiture

DM _____

Hausfrühstück
Kännchen Kaffee, Kakao, Tee oder Milch, Butter hausgemachte Konfiture, Brotsorten, Brötchen, wachsweichgekochtes Ei, kleiner Aufschnitt-Teller

DM _____

Amerikanisches Frühstück
Kännchen Kaffee, Kakao, Tee oder Milch, Brotsorten, Butter, hausgemachte Konfiture, Cornflakes, 2 Spiegeleier oder Rührei oder Omelette (mit Ham, Bacon oder Würstchen)

DM _____

De-luxe-Frühstück
Kaffee, Kakao, Tee oder Milch, Butter, Brotsorten, Brötchen, Zwieback, hausgemachte Konfiture, wachsweichgekochte Eier, Joghurt, Cornflakes, 1 Flasche Champagner, frisch gepresster Orangensaft, Rauchlachsplatte

DM _____

Extras
Frisch gepresster Orangensaft	DM ____
Frisch gepreßter Grapefruitsaft	DM ____
Ananassaft	DM ____
Aprikosensaft	DM ____
Tomatensaft	DM ____
Gurkensaft	DM ____
Saft von Gelben Rüben	DM ____
Traubensaft	DM ____
Buttermilch	DM ____
Glas Frischmilch	DM ____
Cornflakes	DM ____
Honey Rice	DM ____
Joghurt mit Früchten	DM ____
Joghurt natur	DM ____
Kefir	DM ____
Schweizer Müsli	DM ____
Schokoladenmüsli	DM ____
2 Eier im Glas	DM ____
1 wachsweichgekochtes Ei	DM ____
2 Spiegeleier	DM ____

2 Spiegeleier mit Schinken	DM ___
2 Spiegeleier mit Speck	DM ___
2 Rühreier	DM ___
2 Rühreier mit Würstchen	DM ___
Omelette aus drei Eiern	DM ___
Omelette mit Schinken	DM ___
Omelette mit Käse	DM ___
Omelette mit Kräutern	DM ___
Omelette mit Champignons	DM ___
Käseaufschnitt	DM ___
Wurstaufschnitt	DM ___
Großer Käse- und Wurstaufschnitt	DM ___
Portion hausgemachte Wurst	DM ___
Brot oder Brötchen	DM ___
Croissant	DM ___
Brezel	DM ___
Butter	DM ___
Diätmargarine	DM ___
Konfiture	DM ___
Honig	DM ___
kleiner Früchtekorb	DM ___
großer Früchtekorb	DM ___
1/2 Flasche Champagner	DM ___
1/1 Flasche Champagner	DM ___
Heiße Getränke	
Tasse Kaffee	DM ___
Kännchen Kaffee	DM ___
Glas Tee	DM ___
Kännchen Tee schwarz	DM ___
Kännchen Pfefferminz Tee	DM ___
Kännchen Hagebutten Tee	DM ___
Kännchen Lindenblüten Tee	DM ___
Tasse Kakao	DM ___
Kännchen Kakao	DM ___
Café au lait	DM ___
Espresso	DM ___
doppelter Espresso	DM ___
Cappuccino	DM ___
Grog	DM ___

Abb. 13

3. Der Gast bestellt sich dann meist eines der angebotenen, bereits zusammengestellten Frühstücke und eventuell noch ein oder zwei Extras dazu.
4. Werden viele Frühstücksgäste erwartet, so empfiehlt es sich, ein einfaches Frühstückscouvert, wie vorn beschrieben, einzudekken.

Man kann dann den Mittelteller weglassen.

5. Der Gast betritt den Raum.
6. Es wird von der Service-Fachkraft begrüßt.
7. Die Service-Fachkraft plaziert den Gast.
8. Die Service-Fachkraft reicht ihm die Frühstückskarte.
9. Der Gast wählt sich sein Frühstück aus.
10. Die Service-Fachkraft nimmt die Bestellung entgegen.
11. Sie boniert die Bestellung in die Registrierkasse ein.
12. Die Bons für die Küche reicht sie an die Küche weiter.
13. Sie bereitet nun das bestellte Frühstück auf einem kleinen Tablett vor.
14. Oft sind das folgende Dinge:
    - auf einem Mittelteller Wurst, Käse, Konfiture usw.
    - auf einem Mittelteller eine Kaffeetasse mit Untertasse, Tropfdeckchen und Kaffeelöffel
    - auf einem kleinen Silbertablett das Kännchen mit dem warmen Getränk
    - Saft, Eier, Milch usw.

Die Zucker-Mise-en-place wurde bereits eingedeckt.

15. Sie geht zurück zum Tisch des Gastes.
16. Dort setzt sie den ersten Mittelteller mit den Lebensmitteln über das Grundcouvert ein.
17. Der zweite Mittelteller „ergibt" den Eßteller des Gastes. Die sich darauf befindende Kaffeetasse mit Unterteller kommt rechts oben neben das Mittelmesser.

Abb. 14

18. Nun nimmt sie den Saft und stellt ihn über die Messerspitze im Gedeck.
19. Sonstige Extras werden je nach Größe über bzw. hinter den Mittelteller gestellt oder links davon.
20. Schließlich schenkt sie dem Gast das heiße Getränk in die vorgewärmte Kaffeetasse ein.
21. Dann wünscht sie einen guten Appetit und fragt nach, ob der Gast noch einen Wunsch hat.
22. Da es zwischen Bestellung und Service meist eine Wartezeit gibt, sollten gerade in dieser Art von Frühstücksräumen ausreichend Tageszeitungen aushängen oder ausliegen. Sie liegen dann gut sichtbar auf einem Bord oder hängen in einer speziellen Zeitungs-Klemmvorrichtung in der Nähe der Garderobe.
23. Die Service-Fachkraft vergißt nicht, nach einigen Minuten nachzufragen, ob der Gast noch Kaffee oder etwas anderes zum Frühstück wünscht.

Der Service beim Kontinentalen Frühstück

1. Bei diesem Frühstück-Service gibt es kein Frühstücksbuffet.
2. Es handelt sich um – nicht abwertend gemeint – ein „Mini-Frühstück", das in geringem Umfang variiert werden kann.
3. Zum Kontinentalen Frühstück zählen wir in erster Linie:
   – Frühstücksgetränk
   – Brotsorten
   – Brötchen
   – Butter
   – Konfiture
   – Zucker
   – Kaffeesahne
   – eventuell ein weichgekochtes Frühstücksei (Auf Grund der Salmonellen-Gefahr bieten einige renommierten Häuser keine weichgekochten Frückstückseier zum Frühstück an.)

   Im Anschluß an dieses Kapitel werden einige weitere Frühstücksangebote aufgelistet.
4. Das Frühstückscouvert besteht aus:
   – Mittelmesser
   – Mittelgabel
   – Mittelteller
   – Kaffeeunterteller
   – Kaffeelöffel
   – Serviette
5. Auf dem Frühstückstisch sind zusätzlich eingedeckt:
   – Aschenbecher
   – Tischabfalleimer
   – Salzmenage (sofern Eier gereicht werden)
   – Blumen
   – Zucker
   – Kaffeesahne
   – Teller mit Konfiture
6. Der Gast betritt den Frühstücksraum.
7. Es wird begrüßt und zum Tisch gebracht.
8. Dort fragt man ihn nach seiner Zimmernummer.
9. Ferner fragt man ihn nach seinem Getränkewunsch.
10. Die Service-Fachkraft kontrolliert anhand ihrer Zimmerbelegungsliste, ob der Gast „Anrecht" auf ein Frühstück hat; ansonsten bucht sie nach.
11. Die Service-Fachkraft holt aus dem Frühstücksoffice Butter, Brot und Brötchen sowie das warme Getränk.
12. Sind viele Frühstücke gleichzeitig oder fast gleichzeitig zu erwarten, so kann hier auch schon das Brot vorher eingesetzt werden, speziell wenn ausschließlich Brötchen oder Zwieback gereicht werden.
13. Die Service-Fachkraft bringt die Ware zum Gast.
14. Falls keine Kaffeetasse eingedeckt war, wird diese jetzt mitgebracht und eingesetzt.
15. Sie schenkt das warme Getränk ein.
16. Sie wünscht dem Gast einen guten Appetit.

Der Frühstücks-Service, kombiniert mit einem Frühstücksbuffet

1. Diese Frühstücksart ist eine Kombination zwischen kontinentalem Frühstück und Frühstücksbuffet.
2. Auf die Frühstückstische werden bereits alle Konfituren, Honig und andere Portionslebensmittel eingesetzt. Das gleiche gilt für alle Brötchen und Brotsorten.
3. Auf dem buffet findet der Gast dann Früh-

stückssäfte und Aufschnitt und bedient sich dort selbst.

So wird dem Gast, wenn auch in geringem Umfang, die Möglichkeit gegeben, sich sein Frühstück ein wenig individuell zu gestalten.

4. Warme Getränke werden auch bei dieser Frühstücksart an den Tisch gebracht.

Champagner zum Frühstück

Hin und wieder kommt es vor, daß ein Gast eine Flasche oder eine halbe Flasche Champagner zum Frühstück wünscht. Diese wird grundsätzlich extra berechnet, und der Champagner-Service erfolgt wie beim gewöhnlichen Getränkeservice:

1. Der Gast bestellt.
2. Die Service-Fachkraft bucht.
3. Die Flasche wird dem Gast präsentiert.
4. Die Flasche wird am Tisch des Gastes auf einem Guéridon (Beistelltisch) geöffnet.
   Es ist darauf zu achten, daß der Service-Mitarbeiter bei diesem Vorgang nicht mit dem Rücken zum Gast steht.
5. Das Champagnerglas wird mit „zweimal" eingeschenkt.
6. Beim Einschenken auf Reihenfolge achten (Dame – Herr usw.)
7. Die angebrochene Flasche bleibt im Champagner-Kühler stehen.
8. Über den Champagner-Kühler wird eine Handserviette gelegt.

In einigen Hotels ist es üblich, den Frühstücksgästen ein Glas Champagner zum Frühstück anzubieten. Der Preis des Champagners ist dann im Frühstückspreis einkalkuliert.

So ist es möglich, daß auf einem Tablett mehrere leere, polierte Champagnergläser stehen, die dann gefüllt werden. Die Service-Fachkraft geht mit dem Tablett von Tisch zu Tisch und reicht jedem Gast ein Glas Champagner.

Der Vorteil ist, daß jeder Gast nur ein Glas erhält und sich schlecht beliebig viele Gläser auf Kosten des Hauses nachbestellen kann.

Die Alternative hierzu ist, daß im Frühstückscouvert gleich ein Champagnerglas mit eingedeckt wird. Die Service-Fachkraft geht in diesem Fall mit einer geöffneten Flasche Champagner von Gast zu Gast und schenkt jeweils das Glas voll. Sollte beim Room-Service ein Frühstück angeboten werden, in dem der Champagner enthalten ist, dann wird dieser mit einem Champagner-Kühler auf dem Zimmer serviert und dort erst auf Wunsch des Gastes geöffnet.

Der Champagnerverkauf am Morgen kann ein wenig forciert werden, indem man einen netten Display-Tisch am Eingang zum Frühstücksraum aufbaut. Auf diesem Tisch wird eine entsprechende Champagner-Dekoration aufgebaut, die den Gast zum Bestellen eines Glases animieren soll.

Weiter ist es natürlich möglich, auf der Frühstückskarte, die auf dem Frühstückstisch liegt, Champagner – auch glasweise – anzubieten.

Frühstücksvariationen

1. Kontinentales Frühstück
   Frühstücksgetränke
   Butter
   Brot, Brötchen
   Konfiture
   eventuell ein gekochtes Ei
2. Erweitertes Frühstück
   Frühstücksgetränke
   Butter, Diät-Margarine
   Brot, Brötchen
   Konfiture
   Käseportionen
   kleiner Wurstaufschnitt
   Orangensaft
   Frühstücksei
3. Bayerisches Frühstück
   Frühstücksgetränke
   Butter
   biergelaugte Brez'n
   hausgemachte Marmelade
   Streichwurst
   Frühstücks-Landei
4. Französisches Frühstück
   Café au lait
   Butter, Croissant, pain baguette
   hausgemachte Marmelade
5. Schweizer Frühstück
   Café au lait, Milch
   Butter, Diät-Margarine
   Croissant, pain baguette, Weißbrot
   Konfiture, Honig
   Schweizer Käseaufschnitt
   Joghurt, Bircher Muesli
   Orangensaft, sonstige Fruchtsäfte
6. Österreichisches Frühstück
   Frühstücksgetränke

Butter
Kaisersemmerl, Kipferl, Schwarzbrotsorten
Konfituren, Honig
gemischte Wurst- und Käseplatte
7. Englisches Frühstück
Kaffee oder Tee
Butter
Toast, Brot
Marmalade (aus Orangen oder anderen Zitrusfrüchten)
Porridge, Milch
Frühstückswürstchen
Eiergerichte (ham and eggs, scrambled eggs and bacon)
Fischgerichte (smoked haddok, grilled kipper)
Orangensaft
8. Holländisches Frühstück
Frühstücksgetränke, Milch, Buttermilch
Butter
Brot, Zwieback
Konfiture
Holländische Käseplatte
Eiergerichte
Orangensaft
9. Amerikanisches Frühstück
Frühstücksgetränke, Eiswasser
Butter
Weißbrot, Toast
hausgemachte Marmelade
Aufschnitt
Cornflakes, Honey Rice, Puffed Rice oder andere Cereals
Spiegeleier, Rühreier, jeweils mit Schinken oder Speck
Grilltomate, Grillwürstchen
kleine Steaks auf Toast
frische Früchte
Orangensaft
10. Skandinavisches Frühstück
Frühstücksgetränke
Butter
Brotsorten, Brötchen
Konfiture, Honig
Käseaufschnitt
gedünsteter oder geräucherter Fisch
Milch
Säfte
11. Russisches Frühstück
Frühstücksgetränke
Butter
Brotsorten
Marmelade
Käseaufschnitt
Karaffe Vodka
Kefir, Tomatensaft
12. Arabisches Frühstück
Türkischer oder Arabischer Kaffee
Pfefferminztee oder Zitronentee
Butter, Arabisches Brot
Orangenmarmelade, Konfiture, Honig
Arabischer Käse
Arabisches Joghurt (Labneh)
Oliven
Foul Medames (Dicke Bohnen in Knoblauchsauce)

2. Das Frühstücksbuffet

Vor- und Nachteile

Frühstücksbuffets sind heute in der Gastronomie immer häufiger anzutreffen. Welches sind die Vor- und Nachteile eines Frühstücksbuffet? Viele der hier vorgetragenen Argumente gelten natürlich auch für andere Speisenbuffets.

Vorteile:
– Ein schön aufgebautes Frühstücksbuffet mit einer ansprechenden Auswahl an Speisen und Getränken für den Gast bedeutet eine gute Werbemöglichkeit für den Betrieb.
– Das ausgebaute Buffet wirkt optisch attraktiv und kann durch ein ausgehängtes Foto im Fahrstuhl zusätzliche Gäste animieren, teilzunehmen.
– „Das Auge ißt mit". Der Gast wählt mit den Augen.
– Jeder Gast kann sich sein Frühstück absolut individuell zusammenstellen.
– Bleibt ein Gast längere Zeit im gleichen Hotel, so kann er auch noch nach einigen Tagen sein Frühstück so abwechslungsreich zubereiten, daß sich die Zusammensetzung nicht wiederholt.
– Der Gast kann soviel oder sowenig essen, wie er möchte – er muß nicht auf den Einzelpreis achten, da er pauschal für das Frühstücksbuffet bezahlt.
– Der Gast ist weitestgehend unabhängig von einer Bedienung. Es entstehen kürzere Wartezeiten.

- Der Gast kann sich die zeitliche Reihenfolge seiner Mahlzeit selbst einteilen.
- Der Gast findet eine große Auswahl an Speisen und Getränken.
- Selbst bei starkem Gästeandrang wird es für die Service-Angestellten kaum einen Engpaß geben, da sie fast ausschließlich nur noch abräumen, speziell dann, wenn auch die warmen Getränke auf dem Buffet stehen.
- Die Küche hat die Möglichkeit, auf einem Buffet Speisen anzubieten, die für eine einzelne Person zubereitet viel zu teuer wären.
- Der Gast kann vom Buffet auch nur eine bestimmte Sache essen, und zwar so viel davon, wie er möchte, ohne daß dies den Preis beeinflußt.
- Der Gast erhält einen schnellen Überblick über das Speisen- und Getränkeangebot.
- Der Gast kann sich von der Qualität der angebotenen Speisen vorher überzeugen.
- Der Buffet-Service verringert die Verweildauer des Gastes im Frühstücksraum und schafft schneller Platz für nachfolgende Gäste.
- Der Buffet-Service ist personalsparend und damit wesentlich kostengünstiger.

Nachteile:
- Zu „Stoßzeiten" können Platten auf dem Buffet leergegessen sein.
- Liegen Wurst- oder Käseaufschnitt zu lange auf dem Buffet, werden sie unansehnlich.
- Da der Gast in der Regel mehr als einmal zum Buffet gehen muß, entstehen im Frühstücksraum Lauferei und Unruhe.
- Es fallen nicht mehr zu verwertende Lebensmittel an. Der Wareneinsatz für das Frühstück steigt oder muß durch einen höheren Verkaufspreis ausgeglichen werden.
- Das Warmhalten von Speisen – oder auch das Kühlen von bestimmten Fruchtsäften – erfordert einen etwas höheren Energieverbrauch.
- Je mehr der Gast sich ausschließlich vom Buffet bedient, desto weniger wird er mit dem Service-Personal in Kontakt kommen. Das Haus entfernt sich vom „persönlichen Charakter".
- Die ursprüngliche Servicearbeit wird zum lediglichen „Abräumen" degradiert. Es können weniger qualifizierte Service-Mitarbeiter eingesetzt werden.
- Manchmal ist das Frühstücksbuffet sehr unübersichtlich aufgebaut, so daß der Gast längere Zeit nach bestimmten Dingen suchen muß.
- Schüsseln werden nicht rechtzeitig aufgefüllt oder erst nach Beanstandung.
- Wiederaufgefüllte Schüsseln oder Platten können wesentlich unappetitlicher aussehen als die Originalplatten, speziell hier auch wieder zu Stoßzeiten.
- Bestimmte Brötchensorten oder Croissants finden sich oftmals zu späterer Frühstückszeit nicht mehr auf dem Buffet, da diese nur in bestimmter Anzahl eingekauft oder hergestellt wurden.
- Zwischendurch muß immer wieder von den Platten herunterfallende Garnitur oder Speisenteile vom Buffet eingesammelt werden, da das Buffet sonst sehr schnell verschmutzen kann.
- Übernachten nur sehr wenige Gäste im Haus, muß ein ähnlich großes Angebot wie üblich aufgebaut werden.

Hygiene beim Frühstücksbuffet

Immer mehr wird auf Hygiene geachtet. Dies ist mit ein Grund dafür, warum so viele Lebensmittel heutzutage für das Frühstück in Einzelportionen verpackt werden. Gerne spricht man ironisch vom „Plastik-Frühstück".
Um diesem Trend entgegenzuwirken, stellen viele Hoteliers komplette Platten und Schüsseln auf ihr Buffet.
Viele Betriebe lassen aber gleichzeitig eine Art Atemschutz über das Buffet bauen. Dieser Atemschutz kann aus durchsichtigem Plastik oder aus Glas sein.
Es ist immer darauf zu achten, daß der Schutz sauber gehalten wird.

Abb. 15

Seitenansicht, mit teils überdachtem Buffetteil:

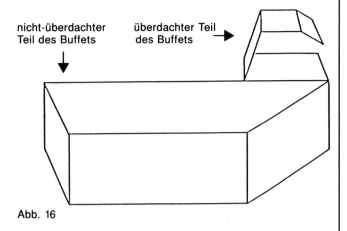

Abb. 16

Die Buffetform

Je nach Betrieb wird sich die Buffetform etwas ändern. Hierbei sind u.a. die folgenden Punkte ausschlaggebend:
a. Zur Verfügung stehender Raum
   – extra Raum, ausschließlich für das Frühstücksbuffet
   – extra Ecke im Frühstücksraum
   – fest eingebautes, aber mobiles Buffet
   – Buffetaufbau in einem Gästedurchgang

b. Es gibt sogenannte Buffet-Module, die individuell zusammengebaut werden können. Folgende Module sind gängig:
   – rechteckige Teile
   – trapezförmige Teile
   – dreieckige Teile
   – quadratisches Zentralmodul mit zusätzlichen Aufbauten

Alle Teile stehen auf Rädern und lassen sich deshalb verschieden zusammengestellt im Raum arrangieren und kombinieren.
Einige der rechteckigen Teile können beheizt werden (für Wärmeplatten).
c. Anzahl der zu erwartenden Gäste
   – Mindestens 20 Gäste müssen erwartet werden, um einen Buffetaufbau lohnend zu machen.
   Sollten in einem Haus grundsätzlich nicht mehr als 20 Frühstücksgäste zu erwarten sein, so empfiehlt sich ein à-la-carte Frühstück.
   – Werden mehr als 100 Personen fast gleichzeitig erwartet, so muß das Buffet sehr weitläufig aufgebaut sein. Häuser, die viel mit großen Gruppen zusammenarbeiten, werden sonst sehr schnell die Erfahrung machen, daß es einen großen Rückstau der wartenden Gäste geben kann und damit Unzufriedenheit bei den Gästen entsteht.
d. Umfang des Angebots
   – Der Umfang richtet sich u.a. nach dem zu bezahlenden Frühstückspreis.
   – Er richtet sich außerdem auch nach der Gästestruktur.
e. Spezieller Anlaß zum Frühstück
   – Das „normale" Frühstück wird gereicht.
   – Ein zweites oder eingeschränktes Frühstück wird gereicht, z.B. im Laufe einer Tagung oder Konferenz.
   – Ein Champagnerfrühstück.
   – Ein Festfrühstück ganz allgemein, wo z.B. Familien- oder Betriebsfeiern stattfinden.
   – Das Frühstücksbuffet zu einem bestimmten Anlaß, wie Ostern, Weihnachten, Sylvester usw.

Die Wahl der Buffetform
Folgende Formen haben sich für die Frühstücksbuffets herauskristallisiert:
a. Einfaches, langes Buffet, zugänglich von einer Seite.

Abb. 17

b. Langes Buffet, durch Schrägstellen am Anfang und Ende aufgelockert, zugänglich von einer Seite.

Abb. 18

c. Langes, stark aufgelockertes Buffet (dezentralisiertes Buffet), speziell bei einer sehr großen Gästezahl – die Gäste verteilen sich so besser.
Für den Gast ist auch dieses Buffet nur von einer Seite zugänglich.

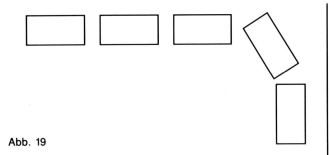

Abb. 19

d. Speziell bei einem kleinen Raum sollte man das Buffet so aufbauen, daß der Gast hineingehen kann.

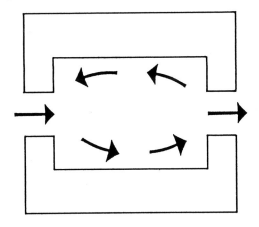

Abb. 20

e. Typisch zentrales Buffet, um das der Gast herumgehen kann.

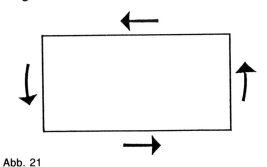

Abb. 21

f. Wiederum ein zentrales Buffet, durch die Abrundungen des Buffets etwas „entstarrt". Blaue Flecken werden auf diese Weise vermieden.

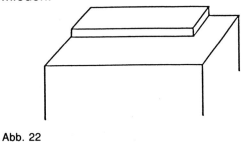

Abb. 22

Buffetaufbauten

Gerade bei zentralen oder sehr tiefen Buffets empfiehlt es ich, in der Buffet-Mitte einen Sockel aufzubauen.
Auf diesem Sockel können dann Dekorationsmaterial, Teller oder auch, je nach Tiefe des Buffets, Frühstücksartikel stehen.

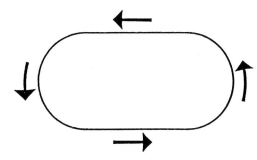

Abb. 23

Sehr lange Buffets, die alleine schon durch ihre Form manchmal sehr eintönig wirken, können durch ganz einfache Blumendekoration optisch „unterbrochen" und somit interessanter gestaltet werden. Bei sehr tiefen, einseitig begehbaren Buffets empfiehlt sich auf alle Fälle ein kleiner Aufbau. Dieser könnte z.B. in Richtung Gast mit Spiegel verkleidet sein.

Standort des Buffets im Raum

a. Soll das Buffet für die Gäste nur einseitig begehbar sein, so kann es an der anderen Seite direkt an der Wand stehen, sofern sich nicht ein Koch hinter dem Buffet befindet.
b. Steht das Buffet zentral, so muß um das Buffet herum genügend Platz gelassen werden, damit die Gäste sich ungestört bedienen und gleichzeitig andere Gäste an diesen vorbeigehen können.
Man sollte so mindestens 1 Meter Abstand zur nächsten Wand oder zum nächsten Hindernis einrechnen.
c. Ein Hindernis, wie z.B. eine Säule, läßt sich in das Buffet integrieren.

Abb. 24

d. Eine Kombination aus mehreren Buffetarten Zwischen dem Buffet, das an der Wand steht, und dem zentralen Buffet muß wiederum mindestens 1 Meter Durchgang gelassen werden, am besten etwas mehr, speziell bei sehr großer Personenzahl.

Steht hinter einem Buffetteil ein Koch oder ein Service-Angestellter (Zubereitung von Eiergerichten oder Ausschank von Säften), so muß auch hier ein entsprechender Platz gelassen werden.

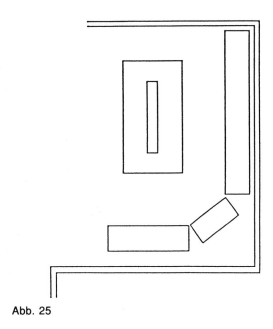

Abb. 25

Geschirr- und Dekorationsmaterialien auf dem Frühstücksbuffet

Geschirr
- Mittelteller   für Aufschnitt, Käse, Konfiturenportionen
- tiefe Teller   für Cornflakes, Muesli
- Suppentassen mit Untertellern für Suppe, Brühe
- große, flache Tellerer für Eiergerichte
- Brotkörbchen   für Brotsorten, Brötchen
- Eierbecher   für gekochte Eier
- Eierlöffel   für gekochte Eier
- Saftgläser   für Säfte
- Mittelbesteck (Messer und Gabel) als zusätzliches Besteck, das sich der Gast mitnehmen kann
- Brotzange   für den Brotkorb
- Brotmesser   um Brot zu schneiden
- Toaster   um Brot zu toasten
- Glasschalen   für Quark, Kompott

Dekorationsmaterialien auf dem Frühstücksbuffet

Je nach Buffetform kann man verschiedene Aufbauten auf dem Buffet vorsehen. Gut geeignet als Dekorationsmaterial sind u.a.:
- Spiegel oder Spiegelkacheln
- Blumengestecke
- Kerzen (auch am Morgen!)
- Salzteig-Gebäck
- Serviettenformen (Schmuckservietten)
- Äste, Zweige, Baumstammstücke
- ausgestopftes Huhn (in der Nähe der Eiergerichte)

Achtung:
Bei allen Dekorationsgegenständen ist unbedingt darauf zu achten, daß aus hygienischen Gründen das Dekorationsmaterial nicht direkt mit offenen Speisen in Berührung kommt.

Dekorationsmaterial zu bestimmten Anlässen
- Tannenbaum
- Tannenzweige
- Schlitten mit Geschenken
- Schornsteinfeger
- Osterbaum
- Osterhase, Osterküken

Speisen und Getränke auf dem Frühstücksbuffet

Auf den folgenden Seiten wird, sozusagen als Ideengeber, eine große Auswahl von Speisen und Getränken notiert, die auf einem Frühstücksbuffet angeboten werden können. Es wurden solche Dinge aufgeschrieben, die erfahrungsgemäß am liebsten von den Gästen ausgewählt werden.

Speisen
a. im Brotkorb, auf dem Brotbrett
- Schwarzbrot
- Graubrot
- Leinsamenbrot
- Roggenbrot
- Weißbrot
- französisches Baguette
- Laugenbrötchen
- Paarwecke
- Mohnbrötchen

- Sesambrötchen
- Kaiserbrötchen
- Bauernbrötchen
- Roggenbrötchen
- Mueslibrötchen
- Mehrkornbrötchen
- Milchzopf
- Rosinenzopf
- Plundergebäck
- Hefeteilchen
- Toastbrot
- Salzstangen
- Brezeln
- Pumpernickel
- Torte
- Kuchen
- Obstboden
- Streuselkuchen
- Zimtkuchen
- Knäckebrotsorten
- Croissants
- Schokoladenbrötchen
- Birnenbrot
- Marmorkuchen
- Rosinenschnecken
- warme Waffeln

b. Wurst- und Fleischplatten
- roher Schinken
- gekochter Schinken
- Blutwurst
- heiße Fleischwurst
- heiße Würstchen
- Roastbeef
- Kalter Braten
- Cornedbeef
- Pumpernickel
- Mettwurst
- Teewurst
- Bierwurst
- hausgemachte Leberwurst
- Kalbsleberwurst
- warmer Schinken im Brotteig
- Knochenschinken
- geräucherter Schinken
- Frikadellen
- Portionswurst
- kalte Schnitzel, paniert
- roher Lachsschinken
- gekochte Zwiebelwurst
- Sülze
- Bündner Fleisch

c. Käseplatten und Käsebrett
- Käseaufschnitt
- Portionskäse
- Weichkäse
- Frischkäse
- Nußkäse
- Schmelzkäsezubereitung
- großes Käsebrett mit Hart-, Weich- und Frischkäsen

d. Saure Speisen, Fisch und Garnituren
- Heringe eingelegt
- Heringe gebraten
- Rollmöpse
- Bratfische
- Fischsalat
- Oliven
- Gurken
- Radieschen
- Silberzwiebeln
- Mixed-Pickles
- Senfkörner

e. Salate
- Nudelsalat
- Reissalat
- Eiersalat
- Tomatensalat
- Rohkostsalat
- Kartoffelsalat

f. Quarkspeisen
- Quark natur
- Fruchtquark
- Joghurt
- Kräuterquark

g. Getreide in Schalen
- Cornflakes
- Reis Frosty
- Schokomuesli
- Smacks
- Coco Krispies
- Rice Krispies
- Kleie Muesli
- Mandelsplitter
- Sechskorn
- Weizenkorn
- Haferflocken
- Weizenschrot
- Muesli
- Viel-Früchte-Muesli
- Schokomuesli
- Haselnüsse

h. Obst im Obstkorb und in Obstschalen
- Birnen
- Ananas
- Bananen
- Pfirsiche
- Mandarinen
- Obstsalat
- Früchtekompott
- Rumfrüchte
- Dörrobst
- Obstpyramide

i. Konfiture, Brotaufstrich, Butter
- alle Variationen von Konfiture
- hausgemachte Marmelade
- Diätkonfiture
- Schokoaufstrich
- Nußnougatcrème
- Butter
- Diät-Margarine
- Honig
- Nutella
- Margarine

k. Warme Speisen
- Rühreier
- Spiegeleier
- hartgekochte Eier
- weichgekochte Eier
- Speck
- Bouillon
- Brühe
- Suppe
- Würstchen
- Schinken

1. Sonstiges
- Austern
- Kaviar
- Rauchlachs

Bio-Ecke

In einer Bio-Ecke stehen Gerichte, die nicht chemisch behandelt sind oder die keine chemischen Zusätze haben.
Das können sein:
- unbehandeltes Obst
- Rosinen
- Weizenschrotbrötchen
- Pistazienkerne
- Vollkornbrot
- Ganzkornweizenbrot
- Dörrobst
- Multivitaminsäfte
- Muesli
- Körner aller Art
- Rohkostsalate
- Pumpernickel
- Feigen

Die Beschriftung auf dem Frühstücksbuffet
Speziell bei großer Auswahl auf dem Frühstücksbuffet empfiehlt es sich, die einzelnen Speisen oder Gerichte zu kennzeichnen.
Die Schilder, Schildchen und Fähnchen, was auch immer verwendet wird, müssen absolut sauber sein und sollten aus abwaschbarem Material bestehen.
Hier einige Beispiele:
– Vor der Schüssel steht ein Namensschild:

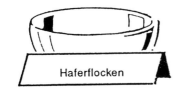
Abb. 26

– Über der Schüssel hängt das Schild:

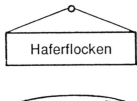

Abb. 27

– Auf der Schüssel selbst ist der Name angebracht:

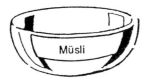
Abb. 28

– Auf einem Ständer ist ein Schildchen angebracht:

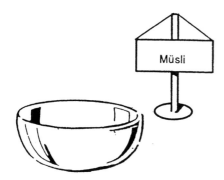
Abb. 29

Getränke auf dem Frühstücksbuffet
– Sekt
– Champagner
– Orangensaft
– Grapefruitsaft
– Tomatensaft
– Pfirsichsaft
– Ananassaft
– Diätsäfte
– Gemüsesäfte
– Multivitaminsäfte
– Frischmilch
– Buttermilch
– Kefir
– Kaffee
– Tee
– Kakao
– heiße Milch
– Mineralwasser
– Eiswasser

a. Säfte
– Multivitaminsaft
– Apfelsaft
– Tomatensaft
– Sauerkirschsaft
– Ananassaft
– Pfirsichsaft
– Aprikosensaft
– weißer Traubensaft
– Grapefruitsaft
– Maracujasaft
– Gemüsesaft
– Karottensaft
– schwarzer Traubensaft
– schwarzer Johannisbeersaft
– Birnensaft
– Bananensaft
– Papajasaft

Je größer die Auswahl, desto eher lohnt es sich, den Saft in Originalfläschchen anzubieten.

b. Die oben beschriebenen Getränke werden immer wieder zum Frühstück gewünscht. Die „Renner" sind aber nach wie vor Orangensaft, Grapefruitsaft und Tomatensaft.
Eine größere Auswahl an Getränken ermöglicht es, sich positiv von anderen Häusern abzuheben. Auch wenn die Säfte im Einkauf etwas teurer sind, sollte man diese Kosten nicht scheuen.

c. Werden die Säfte in Glaskaraffen auf das Buffet gestellt, ergibt sich hier immer wieder das Problem der Kühlung.
Die einfachste Lösung ist, einige Eiswürfel in den Saft zu geben. Die Kannen können eine Tülle haben, die die Eiswürfel zurückhält.
Eine weitere Möglichkeit ist, die Flaschen komplett kühl zu halten. Man gibt die Karaffen in einen metallenen Behälter, in dem wiederum Einfassungen eingearbeitet sind.
In diesen Einfassungen stehen die Karaffen. In die Zwischenräume zwischen den Karaffen füllt man Eiswasser mit Eiswürfeln.
Die Einfassungen haben den Vorteil, daß die Eiswürfel nicht unter die Karaffen rutschen, sobald diese zum Ausschenken aus dem Behälter genommen werden. Es wäre dann sehr

schwierig, die Karaffe wieder richtig in den Behälter zurückzustellen, da unweigerlich einige Eiswürfel unter das Glas kämen.

Es ist auch möglich, die Karaffen direkt in eiskaltes Wasser zu stellen. Nur tropft dann die Karaffe beim Herausnehmen.

Nicht bewährt haben sich Kühlplatten, bei denen die Kälte nur von unten kommt. Der Karaffeninhalt kann nicht gekühlt werden, da die Kälte nach unten „fällt".

d. Sekt und Champagner

Stehen Sekt oder Champagner auf dem Frühstücksbuffet, so sollte man diese grundsätzlich in einem Sekt-Kühler stellen.

Der Sekt-Kühler steht auf einem Mittelteller. Auf diesem Mittelteller liegt eine Serviette oder ein Zierdeckchen aus Papier.

Abb. 30

Der Sekt-Kühler ist gefüllt mit Eiswasser. Eine Handserviette wird über den Sekt-Kühler gelegt.

Eine entsprechende Anzahl von Sektgläsern steht auf dem Buffet bereit, mit der Öffnung nach unten.

Wegen der Kosten sollte hier unbedingt eine Service-Fachkraft stehen, die den Gästen das Getränk einschenkt. Im anderen Fall muß die Flasche bereits geöffnet sein oder mit einem Champagnerverschluß verschlossen werden, der auch von den Gästen leicht geöffnet werden kann.

e. Mineral- und Tafelwässer

Diese Getränke müssen grundsätzlich in der Original-Portionsflasche verschlossen auf dem Buffet stehen. Bestimmte Wasser, wie z.B. Fachingen, werden bei Zimmertemperatur angeboten, sonst gekühlt bei 8–10 °C. Werden die Fläschchen oft ausgewechselt, können sie auf dem Buffet ungekühlt stehen.

f. Milch

Milch wird in einem Steinkrug gefüllt auf das Buffet gestellt. Der Steinguttopf hält die Milch gut gekühlt.

g. Getränke in Portionsflaschen

Fast alle Säfte gibt es in Portionsflaschen zwischen 0,2 und 0,33 l.

Die Fläschchen können ungekühlt sein, sofern in guter Reichweite eine Schale mit Eiswürfeln bereitsteht.

Andernfalls werden die Fläschchen in eine Kühlvorrichtung, eine Art Theke, wie man sie von Selbstbedienungsläden kennt, gestellt. Flaschenöffner nicht vergessen!

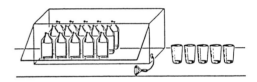

Abb. 31

h. Der Saftdispenser

Der Dispenser ist ein Container, in den eine Packung von 10 Litern Saft hineingeklemmt wird. Diese Saftpackung ist original verschweißt – es entfällt jegliche Umfüllung, und damit gibt es keinen Schankverlust.

Aus der Packung reicht ein kleiner Schlauch, der in den Dispenser gesteckt wird und hier als eine Art Zapfhahn dient. Durch den Dispenser wird eine einfache und schnelle (Selbst-)Bedienung möglich.

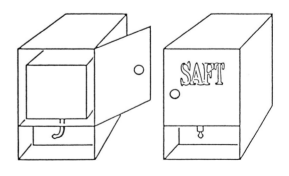

Abb. 32 und 33

i. **Säfte aus Konzentrat**
Die Saftkonzentrate werden mit Wasser aufgefüllt und dann in ein spezielles Kühlgerät gegeben, wo sie vom Gast abgezapft werden. Alleine schon aus hygienischen Gründen ist diese Methode auf jeden Fall in größeren Betrieben überholt.

Brot auf dem Frühstücksbuffet
Brot kann im Stück auf einem Brotbrett liegen, mit einem Brotmesser und einer Handserviette daneben.
Der Gast kann sich die Brotscheiben selbst abschneiden, je nach Wunsch eher dicke oder eher dünne Scheiben. Das Brot ist immer frisch. Allerdings ist dies mit einer gewissen Arbeit verbunden, die eventuell auch vom Service-Personal übernommen werden kann.
Bei aufgeschnittenem Brot, das in einem großen Brotkorb liegt, besteht schnell die Gefahr des Austrocknens der Brotscheiben, gerade bei mäßigem Betrieb oder bei hoch in den Bergen gelegenen Häusern.

Eierservice
Werden Eiergerichte von der Küche aus serviert, sind sie in der Regel vom Gast extra zu bezahlen. Der Gast bestellt bei der Service-Fachkraft das Eiergericht. Die Service-Fachkraft boniert die Bestellung und reicht den Bon in die Küche.
Häufig werden weich- oder hartgekochte Eier am Frühstücksbuffet ohne weitere Berechnung genommen, Omelette oder Spiegeleier hingegen werden über den Service in der Küche bestellt.
Grundsätzlich ist darauf zu achten, daß immer Salz und Pfeffer gereicht werden, sofern diese Menagen nicht bereits eingedeckt wurden.
Salz und Pfeffer sind auch nicht beim Room-Service zu vergessen, sofern hier Eiergerichte bestellt wurden.
Zu Eiern reicht man kein Silberbesteck, da es dunkel anlaufen kann, sobald es mit dem Eigelb in Berührung kommt.

Eierservice im Frühstücksraum
a. An einem speziellen Tisch oder an einem Flambierwagen bereitet ein Koch Frühstückseier nach Wunsch des Gastes zu.
Normalerweise wird der Gast direkt die Frühstückseier bei ihm bestellen, sofern ein Frühstücksbuffet aufgebaut wurde.
Bei gesonderter Berechnung notiert der Koch in einem Bonbuch die Zimmernummer des bestellenden Gastes sowie das bestellte Gericht, wobei sich folgende Kürzel anbieten:
RE = Rührei
SE = Spiegelei
E = weichgekochtes Ei
EG = Eier im Glas
2x = Mengenangabe
# = Zimmernummer

Die Bons werden in regelmäßigen Abständen vom Service geholt und anschließend in die Registrierkasse gebucht.

b. **Weichgekochtes Ei**
Je nach Wunsch des Gastes das Ei in siedend heißem Wasser zwischen drei und fünf Minuten kochen, danach abschrecken und im Eierbecher servieren, mit dem „spitzen" Ende nach oben.

c. **Wachsweichgekochtes Ei**
Ei im siedend heißen Wasser sechs Minuten kochen, danach abschrecken und im Eierbecher oder geschält servieren.

d. **Hartgekochtes Ei**
Ei im siedend heißen Wasser acht Minuten kochen, abschrecken und im Eierbecher oder geschält servieren.

e. **Eier im Glas**
Zwei Eier im siedend heißen Wasser sechs Minuten lang kochen, abschrecken und geschält in ein Glas geben. So servieren.

f. **Spiegeleier**
Butter in einer Eierpfanne erhitzen. Ei (oder Eier) aufschlagen und vorsichtig in die Pfanne geben. Das Eigelb darf nicht zerlaufen. Sobald das Eiweiß nicht mehr flüssig ist, ist das Eigelb warm genug. Das Spiegelei wird serviert.

g. **Spiegeleier, von zwei Seiten angebraten**
Verfahren wie beim Spiegelei.
Nachdem das Eiweiß fest ist, das Spiegelei vorsichtig in der Pfanne wenden. Auch von dieser Seite das Ei noch etwas anbraten und dann servieren.

h. **Rühreier**
In der Eierpfanne etwas Butter erwärmen. Die Eier in einem tiefen Teller mit der Gabel aufschlagen und würzen.
Nun in die Pfanne geben und auf nicht allzu starker Hitze das Rührei heiß werden lassen. Mit einer Spachtel dafür sorgen, daß die Eimasse in der Pfanne nicht verläuft.

Teil 1 Das Frühstück

Das Rührei darf nicht mehr fließen, sondern muß weich sein. Das Rührei aus der Pfanne rutschen lassen und servieren.

i. Omelette

Die aufgeschlagene und gewürzte Eimasse in eine Pfanne geben, in der Butter erwärmt wurde. Eimasse kräftig mit der Gabel rühren. An der Eiunterseite muß sich eine leichte Kruste bilden, die Eioberseite muß weich bleiben.
Das Omelette einmal „zuklappen" und servieren.

Kaffee beim Frühstücksbuffet

Kaffee wird meistens aus der Kaffeeküche oder dem Frühstücksoffice serviert. Sollte ein Kaffeecontainer oder ein Wärmebehälter auf dem Frühstücksbuffet stehen, so wird folgende Mise-en-place benötigt:
- Kaffeebehälter
- Kaffeetassen
- Kaffeeuntertassen
- Kaffeelöffel (sofern nicht bereits am Tisch eingedeckt).

Unter den Zapfhahn für den Kaffee eine Abtropfschale stellen.

Tee beim Frühstücksservice

Da immer häufiger Frühstücksgäste nach Tee fragen, kann man einen Teewagen in den Betriebsablauf einführen.
Er ähnelt einem Flambierwagen, hat eine oder zwei Heizflaschen (Gas), zwei oder mehrere Fächer, worin Teekännchen abgestellt werden können sowie die Zuckersorten.
In einem optisch schönen Kupferkessel oder einer Kupferkanne wird das Wasser erhitzt und dann über den Tee, der in einem Teefilter liegt, gegossen.
Mehrere Sorten Tee können angeboten werden, z.B.:

- Schwarzer Tee
- Flowery Orange Pekoe Tee
- Grüner Chinesischer Tee
- Ceylon Tee
- Marzipan Tee
- Orangen Tee
- Erdbeer Tee
- Kirsch Tee
- Lindenblüten Tee
- Kamille Tee
- Pfefferminz Tee
- Apfel Tee
- Zitronen Tee
- Hagebutten Tee
- Zinnkraut Tee
- Wermutkraut Tee
- Tausengülderkraut Tee
- Bärentraubenblätter Tee
- Birkenblätter Tee
- Brennesselkraut Tee
- Fenchel Tee
- Melisse Tee
- Süßholzwurzel Tee
- Salzbeiblätter Tee
- Holunder Tee
- Mistelkraut Tee
- Bohnenhülsen Tee

Pfannkuchen/Waffeln

Werden Pfannkuchen oder Waffeln am Buffet à la minute dem Gast zubereitet (oder er bereitet sie sich selbst zu), wird folgende Mise-en-place benötigt:
- Waffeleisen oder Pfanne
- Waffelteig oder Pfannkuchenteig
- Öl
- Pinsel
- Mittelteller
- Mittelgabeln
- Pfannkuchenheber
- Sahne
- Früchte
- Puderzucker
- Stromanschluß!

Erdnußbutter

Nur der Vollständigkeit halber sei hier notiert, daß es neben den Portionspackungen für Erdnußbutter auch einen „Erdnußbutter-Zubereiter" gibt. In diese Maschine werden geröstete Erdnüsse gefüllt, die dann als Erdnußbutter „abgezapft" werden.

Der Service beim Buffet

Allgemeine Hinweise:
- Das Frühstücksbuffet ist bereits aufgebaut.
- Sobald die Gäste eingetroffen sind, wird das Buffet ständig neu aufgefüllt.
  Es liegt an der hausinternen Arbeitseinteilung, ob dafür die Abteilung Küche oder Service zuständig ist.
- Platten oder Schüsseln, auf denen weniger als die Hälfte der ursprünglichen Speisen liegt, werden sofort gegen neue, aufgefüllte Platten ausgetauscht.
- Es werden nicht allzu große Platten mit aufgeschnittenen Waren verwendet, da diese bei mäßigem Betrieb, also vor und nach den Stoßzeiten, zu lange am Buffet bleiben und unappetitlich werden könnten.
- Kommt ein Gast an das Buffet, so schenkt die Service-Fachkraft dem Gast wunschgemäß einen Saft in ein Glas. Steht ein Saft-Dispenser am Buffet, erübrigt sich diese Aufgabe. Das Einschenken des Saftes ist eine zusätzliche Aufmerksamkeit des Services.
1. Der Gast betritt den Frühstücksraum und wird freundlich begrüßt.

2. Die Anrede könnte so sein:
   „Guten Morgen, Herr ..."
   „Einen schönen guten Morgen, Frau ..."
   „Einen guten Morgen, wünsche ich"
   Kennt die Service-Fachkraft den Gast gut, so ist es durchaus möglich, noch eine weitere Frage anzuhängen, wie z.B.:
   „Haben Sie gut geschlafen?"
   „Wie geht es Ihrem Gatten?"
   „Schönes Wetter heute, nicht wahr?"
   Es ist zu beachten, daß einige Gäste sogenannte Morgenmuffel sind, und erst n a c h oder während des Frühstücks so weit „auftauen", daß sie zu einem Smalltalk bereit sind.
3. Der Gast wird zum Tisch begleitet.
   „Ist dieser Tisch hier recht, oder möchten Sie lieber dort Platz nehmen?"
   Durch diese alternative Frage wird der Gast immer einen der beiden angebotenen Tische nehmen. Somit kann die Service-Kraft den Gast dort plazieren, wo es ihr am besten paßt.
4. Dem Gast wird geholfen, Platz zu nehmen, soweit er nicht sofort zum Buffet gehen möchte.
5. Nun muß die Frage nach der Zimmernummer erfolgen, um zu sehen, ob der Gast das Frühstück im Arrangement gebucht hat.
6. Den Gast kann man so nach seiner Zimmernummer fragen:
   „Wie ist Ihre Zimmernummer, bitte?"
   „Darf ich Ihre Zimmernummer wissen, bitte?"
   „Sind Sie Gast im Hause?"
7. Es folgt die Frage nach dem warmen Frühstücksgetränk.
   „Was darf ich Ihnen zu trinken bringen?"
   „Wieder einen Kaffee, so wie gestern?"
   „Darf es heute mal ein schwarzer Tee sein?"
8. Die Frage nach der Zimmernummer erübrigt sich, wenn die Service-Fachkraft den Gast bereits (sehr gut) kennt.
   Sie erübrigt sich weiter, wenn der Gast seinen Zimmerschlüssel gut sichtbar mit der Zimmernummer nach oben auf dem Tisch liegen hat.
9. Wenn der Gast eindeutig von außer Haus kommt, erübrigt sich die Frage ebenfalls.
   Hier kann man davon ausgehen, daß alle eingenommenen Frühstücke zu buchen sind.
10. Die Service-Fachkraft begibt sich zur Belegungsliste und kontrolliert:
    – Ist der Gast ein Hotelgast?
    – Stimmt die Personenzahl der frühstückenden Gäste mit der eingetragenen Personenzahl überein?
    – Hat der Gast eines der folgenden drei Arangements gebucht?
      + Übernachtung mit Frühstück
      + Halbpension
      + Vollpension

    Kann man erkennen, daß der Gast das Frühstück durch sein Arrangement noch nicht verrechnet hat, so ist der Betrag zu buchen. Im Zweifelsfall Ungereimtheiten mit dem Empfang klären.
11. Auf dem Belegungsplan wird die Zimmernummer markiert.
    Der Belegungsplan kann vorgedruckt sein (Abb. 34), und es müssen nur alle Zimmernummern der Frühstücksgäste markiert werden.

101			
102	Mählmann	-2-	HP
103			
104	Schulzner	-2-	ÜF
105	Dr. Kremel	-2-	ÜF
106	Riedel	-1-	HP
107			

Abb. 34

Möglicherweise sind nur die belegten Zimmer aufgelistet (Abb. 34a).

102	Mählmann	-2-	HP
104	Schulzner	-2-	ÜF
105	Dr. Kremel	-2-	ÜF
106	Riedel	-1-	HP

Abb. 34a

Der Belegungsplan kann auch vom Service-Personal geschrieben werden (Abb. 35). Die Zimmernummern werden in der Reihenfolge des Eintreffens der jeweiligen Gäste notiert, mit der jeweiligen Zeit, wann die Gäste den Frühstücksraum betreten haben.

```
104    -2-    7:45
105    -2-    7:55
```

Abb. 35

12. Falls ein Guest-Check zu buchen ist, so wird dies sofort getan.
    Ein Guest-Check (Rechnungsformular) wird in die Registriermaschine eingeführt, und der Frühstücksbetrag wird gebucht.
    Je nach Kassensystem muß mit Hand die Tischnummer oder die Zimmernummer dazu geschrieben werden.
13. Je nach Servicesystem wird der Guest-Check so lange in einem Guest-Check-Fach an der Registrierkasse aufbewahrt, bis der Gast Anzeichen macht, den Frühstücksraum zu verlassen. Der Guest-Check wird dem Gast jetzt zur Unterschrift vorgelegt.
    Es ist auch möglich, den Guest-Check mit dem warmen Getränk an den Tisch des Gastes zu bringen und ihn dort gleich unterschreiben bzw. später bezahlen zu lassen.
    In der weiteren Beschreibung wird vom zweiten Fall ausgegangen.
14. Die Service-Fachkraft begibt sich in das Frühstücksoffice und stellt auf ein Frühstückstablett die benötigten, vorgewärmten Tassen. Dann zapft sie das entsprechende Getränk und stellt es auch auf das Tablett.
15. Das Tablett wird folgendermaßen aufgebaut: Schwere Gegenstände zur Seite der Service-Fachkraft, leichte Dinge auf die am weitesten entfernte Seite der Service-Fachkraft. Das Tablett ist somit leichter und sicherer zu tragen.

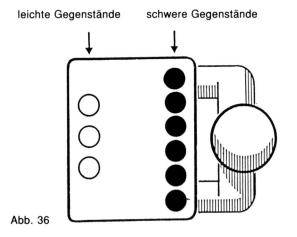

Abb. 36

Das Tablett wird immer mit der Längsseite zum Körper getragen.
16. Die Service-Fachkraft begibt sich zum Tisch des Gastes und schenkt dort das warme Getränk in die Tasse ein.
17. Sind die Kaffeetassen eingedeckt und sitzt der Gast am Frühstückstisch, so schenkt die Bedienung das Getränk von rechts ein, nachdem sie gefragt hat: „Darf ich Ihnen den Kaffee einschenken?"
    Sie achtet darauf, daß die Tasse nicht zu voll wird, da der Gast meistens noch Kaffeesahne oder Milch in seinen Kaffee wünscht.
18. Durch die Frage, ob sie einschenken darf, gibt sie dem Gast die Möglichkeit, dankend abzulehnen, weil er sich den Kaffee aus irgendwelchen Gründen selbst einschenken will.
19. Ist der Gast gerade nicht am Tisch, so wartet die Service- Fachkraft, bis der Gast zurückkommt, um dann den Service vorzunehmen.
20. Das Kaffeekännchen wird rechts vom Couvert des Gastes abgestellt, so daß dieser sich bequem selbst nachschenken kann.
21. Der Guest-Check wird umgedreht an den Tischrand gelegt, oder unter die Tischnummer geschoben. Eventuell läßt man den Gast sofort unterschreiben.
22. Die Service-Fachkraft entfernt sich vom Tisch mit den Worten:
    „Bitte schön!"
    „Lassen Sie es sich schmecken!" (nicht in der Schweiz!)
    „Fehlt noch etwas?"
    „Kann ich noch etwas bringen?"
    „Darf es noch etwas sein?"
23. Mindestens einmal, solange der Gast frühstückt, hat die Service-Fachkraft an den Tisch zurückzukommen, um ihn nach weiteren Wünschen zu fragen.
    Bei dieser Gelegenheit sollte sie gleich schmutziges Geschirr mit zurück ins Frühstücksoffice nehmen.
24. Sobald die Service-Fachkraft bemerkt, daß der Gast sein Frühstück beendet hat, begibt sie sich wieder zu ihm und fragt:
    „Würden Sie mir bitte den Guest-Check unterschreiben?"
    „Darf ich Sie noch um eine Unterschrift bitten?"
    „Dürfen wir das Frühstück auf die Gesamtrechnung setzen?"

25. Der Gast unterschreibt den Guest-Check oder bezahlt direkt. Wir gehen hier vom ersten Fall aus.
26. Die Service-Fachkraft hilft dem Gast vom Stuhl und verabschiedet sich:
„Vielen Dank und auf Wiedersehen"
„Auf Wiedersehen, Herr ..."
„Einen schönen Tag wünsche ich Ihnen"
„Bis heute Abend, Frau ..." (Bei Stammgästen, die abends Halbpension gebucht haben).
27. Die Service-Fachkraft räumt so weit wie möglich den Tisch ab und geht mit dem benutzten Geschirr und Guest-Check zurück ins Frühstücksoffice.
28. Dort lädt sie das schmutzige Geschirr am Geschirrpaß ab; Teller auf Teller, Tasse auf Tasse.

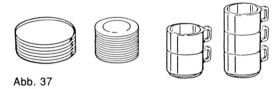

Abb. 37

Essensreste gehören in den Schweinekübel und Papierreste in den Abfalleimer. Für Plastikteile steht die „gelbe Tonne" bereit.

29. Den Betrag des Guest-Checks trägt die Service-Fachkraft auf der Kellnerrechnung ein.
30. Weiß sie sicher, daß der Gast am gleichen Morgen abreisen wird, so hat sie den Guest-Check und die Kellnerabrechnung sofort an den Empfang und dort an die Kasse zu bringen.

Dort erhält sie auf der Kellnerabrechnung eine Gegenabzeichnung als Beweis, daß der Empfang den Guest-Check erhalten hat. Es wird damit vermieden, daß der Gast bereits abgereist ist, bevor der Beleg aus dem Frühstücksraum gebracht wird.

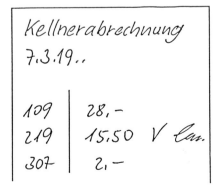

Abb. 38

Es sei darauf hingewiesen, daß in vielen großen Häusern inzwischen Computerterminals installiert sind. Hier wird der Betrag von der Service-Fachkraft eingebucht und direkt in das Terminal eingespeichert bzw. direkt auf der Gästerechnung festgehalten.

31. In den Frühstücksraum zurückgekehrt, räumt die Service-Fachkraft den benutzten Tisch ganz ab und deckt eventuell neu ein.

Der Gäste-Fragebogen

Wollen Sie Ihren Frühstücksablauf noch besser gestalten? Möchten Sie gerne Schwachstellen beim Frühstück erkennen? Dann überlegen Sie, ob es nicht sinnvoll wäre, einen Gäste-Fragebogen zu entwickeln.

Dieser Gäste-Fragebogen könnte Stammgästen persönlich überreicht werden mit der Bitte, die Liste aufmerksam auszufüllen, und lediglich eine Momentaufnahme wiederzugeben, also nicht etwa „wie es gewöhnlich" ist.

Die Stammgäste werden die Liste in der Regel genau ausfüllen und auch negative Punkte mit konstruktiver Kritik versehen.

Den ausgewerteten Listen können Sie entnehmen, bei welchen Dingen Sie Ihren Frühstücksablauf noch besser gestalten können.

Die Erstellung eines Gäste-Fragebogen kann keine Sache von Minuten oder Stunden sein. Die Reihenfolge der Fragen muß gut überlegt sein, und die Fragen müssen eindeutig beantwortbar sein. Man kann eine Spalte für „ja", eine für „nein" angeben, eventuell noch eine für „teilweise" anfügen, so wie es im unten aufgeführten Beispiel gemacht wurde. Man könnte auch eine Art Benotung bzw. Beurteilung ermöglichen (1–6). Hilfreich sind ebenso immer eigene Kommentare des Ausfüllers, weshalb direkt nach den Fragen, jeweils nach Themenblöcken, oder ganz am Ende des Bogens ausreichend Platz sein sollte, so daß der Gast seine Kommentare aufschreiben kann.

Hindernisse beim „Ausfüllenden" müssen abgebaut werden, da dieser grundsätzlich in eine abwehrende Haltung gehen wird, wenn er glauben muß, daß persönliche Dinge abgefragt werden. Auf den folgenden Seiten sind eine Vielzahl von Fragen aufgeführt, aus denen Sie sich die passenden für Ihren Betrieb zusammenstellen können.

Teil 1 Das Frühstück

Gäste-Fragebogen dieser Art können natürlich auch für das Mittag- oder Abendessen erstellt werden sowie speziell für Tagungsveranstaltungen oder Bankette.

Um die Übersicht zu behalten, gehen wir hier aber lediglich vom Frühstück aus:

		ja	nein	teil-weise
1.1	Haben Sie den Frühstücksraum leicht gefunden?	☐	☐	☐
1.2	Ist der Weg zum Frühstücksraum gut ausgeschildert?	☐	☐	☐
1.3	Ist die Frühstücks-(Öffnungs)zeit vor dem Frühstücksraum erkennbar?	☐	☐	☐
1.4	War die Eingangstür zum Frühstücksraum geöffnet, als Sie kamen?	☐	☐	☐
1.5	Ist die Eingangstür zum Frühstücksraum sauber?	☐	☐	☐
1.6	Erscheint Ihnen der Gesamteindruck des Frühstücksraums als gemütlich?	☐	☐	☐
1.7	Sind die Stühle und die Tische ordentlich gestellt?	☐	☐	☐
1.8	Stehen Blumenarrangements auf Fensterbänken oder im Raum sauber?	☐	☐	☐
1.9	Erscheinen Ihnen diese Arrangements zeitgemäß und passend?	☐	☐	☐
1.10	Ist der Frühstücksraum frei von Fliegen und anderen Insekten?	☐	☐	☐
1.11	Gibt es im Raum einen schlechten Geruch, z.B. aus der Küche oder vom Vortag?	☐	☐	☐
1.12	Ist der Fußboden sauber?	☐	☐	☐
1.13	Hören Sie leise Hintergrundmusik?	☐	☐	☐
1.14	Erscheint Ihnen diese Musik als angenehm?	☐	☐	☐
1.15	Sind Stühle und Bänke frei von Brotkrumen, Essensresten usw.?	☐	☐	☐
1.16	Fühlen Sie sich im allgemeinen wohl im Frühstücksraum?	☐	☐	☐
2.1	Erscheinen Ihnen die Frühstückstische als fachgerecht eingedeckt?	☐	☐	☐
2.2	Sind die Frühstückstische sauber eingedeckt?	☐	☐	☐
2.3	Stehen auf den Frühstückstischen Blumenvasen?	☐	☐	☐
2.4	Sind diese Vasen mit frischen Blumen gefüllt?	☐	☐	☐
2.5	Sind die Blumenvasen sauber?	☐	☐	☐
2.6	Ist das Tischtuch sauber und frei von Flecken?	☐	☐	☐
2.7	Liegt das Tischtuch gerade auf dem Tisch?	☐	☐	☐
2.8	Steht ein Tischabfalleimer auf dem Tisch?	☐	☐	☐
2.9	Ist dieser Tischabfalleimer sauber?	☐	☐	☐
2.10	Steht ein Aschenbecher auf dem Tisch?	☐	☐	☐
2.11	Ist dieser Aschenbecher sauber?	☐	☐	☐
2.12	Müssen Sie Besteckteile nachbestellen?	☐	☐	☐
2.13	Sind die eingedeckten Besteckteile sauber poliert?	☐	☐	☐
2.14	Sind Besteckteile verbogen?	☐	☐	☐
2.15	Steht auf dem Frühstückstisch alles Geschirr, das Sie zum Frühstück benötigen?	☐	☐	☐
2.16	Ist das Frühstücksgeschirr sauber?	☐	☐	☐
2.17	Ist das Frühstücksgeschirr angeschlagen?	☐	☐	☐
2.18	Werden warme Kaffeetassen eingesetzt?	☐	☐	☐
2.19	Haben Sie eine Frühstücksserviette?	☐	☐	☐
2.20	Hat diese Serviette Löcher?	☐	☐	☐

		ja	nein	teil-weise
3.1	Haben Ist Ihnen das bestellte Frühstücksgetränk heiß serviert worden (Kaffee, Tee, Schokolade oder heiße Milch?)	☐	☐	☐
3.2	Erscheint Ihnen der Kaffee als frisch?	☐	☐	☐
3.3	Wurden Ihnen zum Tee die Teebeutel extra serviert?	☐	☐	☐
3.4	Hingen die Teebeutel schon zu lange im Teewasser?	☐	☐	☐
3.5	War die heiße Milch frisch?	☐	☐	☐
3.6	Ist gute Kaffeesahne serviert worden?	☐	☐	☐
3.7	Stand die Kaffeesahne schon auf dem Frühstückstisch?	☐	☐	☐
3.8	Gibt es im Sahnekännchen Schmutzränder?	☐	☐	☐
3.9	War das Sahnekännchen aufgefüllt?	☐	☐	☐
3.10	Steht eine Zuckerschale auf dem Tisch?	☐	☐	☐
3.11	Ist diese Zuckerschale aufgefüllt?	☐	☐	☐
3.12	Erhielten Sie ohne Aufforderung Süßstoff?	☐	☐	☐
4.1	Ist das Frühstücksbuffet ordentlich verkleidet?	☐	☐	☐
4.2	Ist die Buffetverkleidung verschmutzt?	☐	☐	☐
4.3	Hinterläßt das Buffet einen aufgefüllten Eindruck?	☐	☐	☐
4.4	Sind genügend Mittelteller vorhanden?	☐	☐	☐
4.5	Sind diese Teller sauber?	☐	☐	☐
4.6	Sind genügend Saftgläser vorhanden?	☐	☐	☐
4.7	Sind diese Saftgläser sauber poliert?	☐	☐	☐
4.8	Gibt es genügend Vorlegebestecke auf den Platten und in den Schüsseln?	☐	☐	☐
4.9	Ist das Frühstücksbuffet allgemein sauber?	☐	☐	☐
4.10	Gibt es eine Dekoration auf dem Frühstücksbuffet?	☐	☐	☐
4.11	Ist diese Dekoration frei von Staub und Spinnweben?	☐	☐	☐
4.12	Fanden Sie diese Dekoration zeitgemäß und passend?	☐	☐	☐
5.1	Erscheint Ihnen das angebotene Speisenangebot auf dem Frühstücksbuffet auf den ersten Blick als ausreichend?	☐	☐	☐
5.2	Machte es Ihnen Schwierigkeiten, bestimmte Dinge (z.B. Butter) zu finden?	☐	☐	☐
5.3	Erscheint Ihnen das angebotene Speisenangebot auf dem Frühstücksbuffet als appetitanregend?	☐	☐	☐
5.4	Ist der Wurstaufschnitt frisch und ansehnlich?	☐	☐	☐
5.5	Ist der Käseaufschnitt frisch und ansehnlich?	☐	☐	☐
5.6	Ist die Wurstauswahl ausreichend?	☐	☐	☐
5.7	Ist die Käseauswahl ausreichend?	☐	☐	☐
5.8	Lagen auf dem Käsebrett saubere Käsemesser?	☐	☐	☐
5.9	Erscheinen die Rühreier appetitanregend?	☐	☐	☐
5.10	Waren die Rühreier warm?	☐	☐	☐
5.11	War die Suppe oder Bouillon warm?	☐	☐	☐
5.12	Waren die gekochten Eier vom Buffet warm?	☐	☐	☐
5.13	Waren die weichgekochten Eier weich?	☐	☐	☐
5.14	Waren die Eier in Schale optisch sauber?	☐	☐	☐
5.15	Ist die Butter gut gekühlt?	☐	☐	☐
5.16	Ist die Butter streichfähig?	☐	☐	☐
5.17	Ist das Brotsortiment ausreichend?	☐	☐	☐
5.18	War das Brot frisch?	☐	☐	☐
5.19	Ist Ihnen das Angebot an Quarkspeisen ausreichend?	☐	☐	☐
5.20	Waren diese Speisen frisch?	☐	☐	☐
5.21	Gab es bei diesen Speisen an den Schüsselrändern Schmutzstreifen?	☐	☐	☐
5.22	Waren diese Speisen gut aufgefüllt?	☐	☐	☐
5.23	Ist das Verfalldatum auf Joghurtbechern überschritten?	☐	☐	☐

Teil 1 Das Frühstück

	ja	nein	teil-weise
5.24 Wirkt der Waffelteig appetitanregend?	☐	☐	☐
5.25 War das Waffeleisen sauber?	☐	☐	☐
5.26 War das Waffeleisen funktionstüchtig?	☐	☐	☐
6.1 Konnten Sie die Frühstückssäfte leicht finden?	☐	☐	☐
6.2 War die Saftauswahl ausreichend?	☐	☐	☐
6.3 Waren die Frühstückssäfte gut gekühlt?	☐	☐	☐
6.4 War der Zapfhahn am Saftdispenser schmutzig?	☐	☐	☐
6.5 Waren die Saftkaraffen sauber?	☐	☐	☐
6.6 Waren die Saftkaraffen aufgefüllt?	☐	☐	☐
7.1 Wurde Ihnen beim Betreten des Frühstücksraums ein „Guten Morgen" gewünscht?	☐	☐	☐
7.2 Wurde Ihnen ein Platz zugewiesen?	☐	☐	☐
7.3 Wurde Ihnen mit der Garderobe geholfen?	☐	☐	☐
7.4 War Ihnen der Tisch angenehm?	☐	☐	☐
7.5 Wurden Sie nach Ihrer Zimmernummer gefragt?	☐	☐	☐
7.6 Wurden Sie nach Ihrem Getränkewunsch gefragt?	☐	☐	☐
7.7 Wurden Sie später ein zweites Mal nach Ihrem Getränkewunsch gefragt?	☐	☐	☐
7.8 Wurden Ihnen die Getränke schnell gebracht?	☐	☐	☐
7.9 Ist eine Service-Leitung zu sehen?	☐	☐	☐
7.10 Wurden Sie von dieser Service-Leitung begrüßt?	☐	☐	☐
7.11 Befand sich mindestens ein Frühstücksangestellter im Frühstücksraum, als Sie diesen betraten?	☐	☐	☐
7.12 Erscheinen Ihnen die Angestellten ausgeschlafen?	☐	☐	☐
7.13 Sind die Service-Mitarbeiter sauber gekleidet?	☐	☐	☐
7.14 Hinterlassen die Haare der Service-Mitarbeiter einen gepflegten Eindruck?	☐	☐	☐
7.15 Werden Sie flott bedient?	☐	☐	☐
7.16 Werden Sie aufmerksam bedient?	☐	☐	☐
7.17 Verläuft der Service ruhig?	☐	☐	☐
7.18 Hören Sie störende Geräusche aus dem Frühstücksoffice?	☐	☐	☐
7.19 Scheint Ihnen das Service-Personal überlastet?	☐	☐	☐
7.20 Erscheint Ihnen der Service als aufdringlich?	☐	☐	☐
7.21 Würden Sie den Service als qualifiziert bezeichnen?	☐	☐	☐
7.22 Steht oder stand das Personal in Grüppchen?	☐	☐	☐
7.23 Konnten Sie das Namensschild der Sie bedienenden Person lesen?	☐	☐	☐
7.24 Wurden Sie mit Ihrem Namen angesprochen, soweit dieser bekannt war?	☐	☐	☐
7.25 Wurden Ihre Extra-Wünsche umgehend erfüllt?	☐	☐	☐
7.26 Wurden Sie freundlich verabschiedet?	☐	☐	☐
7.27 Hatten Sie den Eindruck, ein erwünschter Gast zu sein?	☐	☐	☐
7.28 Hatten Sie den Eindruck, so schnell wie möglich Ihren Platz für nachkommende Gäste räumen zu müssen?	☐	☐	☐
8.1 Sind die Küchenangestellten am Buffet freundlich?	☐	☐	☐
8.2 Arbeiten diese Küchenangestellten flott?	☐	☐	☐
8.3 Sind diese Küchenangestellten sauber gekleidet?	☐	☐	☐
8.4 Tragen sie eine Kopfbedeckung?	☐	☐	☐
8.5 Erschienen Ihnen die Küchenangestellten gepflegt, z.B. Haare usw.?	☐	☐	☐
8.6 Hörten Sie störende Geräusche aus der Küche?	☐	☐	☐
9.1 Was gefiel Ihnen am wenigsten?	☐	☐	☐
9.2 Was gefiel Ihnen am besten?	☐	☐	☐
9.3 Was würden Sie ändern?	☐	☐	☐

Sie könnten diese Fragen auch von Ihrem Personal beantworten lassen oder bestimmte (Führungs-)Kräfte mit der Beantwortung dieser Fragen beauftragen, bevor Sie sie den Gästen geben.

3. Der Room-Service

Allgemeines

Wie schon in der Einleitung beschrieben, wird anhand des Frühstücks der Room-Service (auch Etagen-Service oder Zimmer-Service genannt) aufgezeigt.

Um Verwechslungen mit dem Housekeeping, also dem Bereich, in dem die Hausdame mit ihren Mitarbeitern arbeitet, auszuschließen, wird im folgenden immer die Rede vom „Room-Service" sein, auch wenn hier ausschließlich auf das Frühstück eingegangen wird.

Später werden die vier Haupt-Möglichkeiten des Room-Service ausführlich beschrieben. Das heißt:

– Room-Service mit Tabletts, die einzeln auf die Zimmer gebracht und mit dem Abräumwagen abgeräumt werden.

– Room-Service mit Tabletts, die einzeln auf die Zimmer gebracht und einzeln wieder abgeräumt werden.

– Room-Service mit Room-Service-Aufzügen.

– Room-Service mit fahrbaren Frühstücks-Tischchen.

Der Frühstücks-Room-Service empfiehlt sich nur in Hotels,

– deren Zimmer nahe beieinander liegen, das heißt, nicht in Ferienanlagen, wo Bungalows und Zimmer in der Anlage verteilt sind,

– in denen sehr viel Room-Service verlangt wird,

– in entsprechend großen Häusern.

Im Unterschied zum Frühstück im Frühstücksraum muß der Gast beim Room-Service längere Wartezeiten einrechnen, bevor er sein bestelltes Frühstück erhält.

Für den Service auf der Etage wird vorwiegend männliches Service-Personal eingesetzt. Das hat folgende Gründe:

Teil 1 Das Frühstück

– Das Tragen der Tabletts erfordert entsprechende Kraft.
– Weibliches Service-Personal ist auf den Zimmern mehr gefährdet als männliches.

Beim Room-Service kommt eine gute Zusammenarbeit mit der Abteilung Housekeeping zum Tragen. Von dort können wertvolle Hinweise über Gästewünsche oder Reklamationen gegeben werden. Falls Frühstückstabletts oder -wagen nicht rechtzeitig vom Room-Service abgeräumt wurden, kann dies in Ausnahmefällen vom Zimmermädchen erledigt werden.

Um einen fachgerechten und reibungslosen Room-Service zu gewährleisten, sollte ein entsprechendes Room-Service-Office vorhanden sein.

Dort sollten die folgenden Einrichtungen zu finden sein:
1. Frühstückswagen
2. Lastenaufzug
3. Durchreiche zur Spülküche
4. Abfalleimer
5. Durchreiche zur Frühstücksküche
6. Eierkocher
7. Kühlschränke
8. Kaffeemaschine
9. Milchmaschine
10. Schränkchen mit Arbeitsfläche
11. Regale mit Geschirr
12. Verbandskasten
13. Feuerlöscher
14. Tassenrechaud
15. Aufzug
16. Waschbecken
17. Abfalleimer
18. Fahrbare Frühstückstischchen
19. Abräumwagen
20. Tafel mit angebundener Kreide
21. Wanduhr
22. großer Arbeitstisch
23. kleiner Arbeitstisch
24. Registrierkasse
25. Schreibunterlage
26. Bonbuch
27. Telefonanlage mit Dienst- und Arbeitsplänen
28. Frühstücksplan
29. Eingabegerät zum Computer-Terminal am Empfang

Wie ein Room-Service-Office aussehen könnte, ist in Abb. 39 dargestellt. Die oben aufgeführten Zahlen entsprechen den Zahlen auf dem Plan.

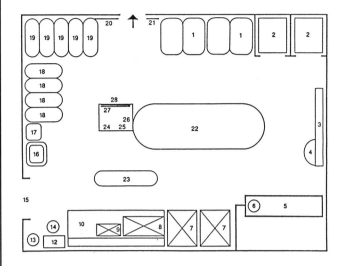

Abb. 39

Der große Arbeitstisch (22.) sollte aus nichtrostendem Metall und leicht abwaschbar sein.
In den Fächern unter der Arbeitsfläche können untergebracht sein:
– Tabletts
– Sets
– Frühstücksservietten
– Kartons mit Konfiture, Honig usw.

Der Frühstücksbestellzettel

Die Gäste erhalten am Abend auf ihrem Bett oder am Türknauf innen an der Zimmertür einen Frühstücksbestellzettel.
Auf diesem Frühstücksbestellzettel sind folgende Angaben zu finden:
– Zimmernummer des Gastes
– Personenzahl
– das gewünschte Frühstück
– Name des Gastes
– gewünschte Uhrzeit
– Extras zum Frühstück
– Unterschrift des Gastes

Ein Beispiel für einen Frühstücksbestellzettel:

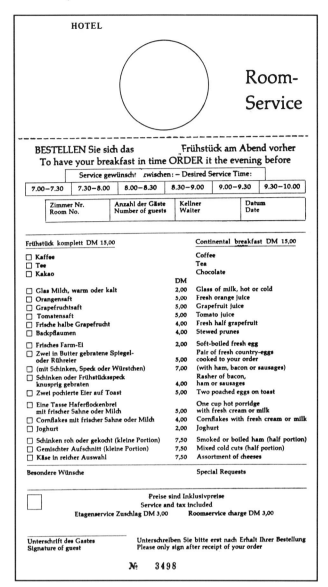

Abb. 40

Korrekt ausgefüllt wird er von außen an den Knauf der Zimmertür gehängt. Der Nachtportier oder eine andere autorisierte Person sammelt diese Frühstücksbestellzettel am frühen Morgen, meistens gegen 04.00 Uhr, ein.
Die gewünschte Uhrzeit ist im 20-Minuten-Abstand, oder im 30-Minuten-Abstand angegeben.

```
7.00 -  7.20
7.20 -  7.40
7.40 -  8.00
8.00 -  8.20
8.20 -  8.40
8.40 -  9.00
9.00 -  9.20
9.20 -  9.40
9.40 - 10.00
```

Abb. 41

```
7.00 -  7.30
7.30 -  8.00
8.00 -  8.30
8.30 -  9.00
9.30 - 10.00
```

Abb. 42

Im ersten Fall wird sich die Zeit etwas entzerren. Meistens wünschen die Gäste ihr Frühstück zu einer festen Stundenzeit, wie z.B. exakt 08.00 Uhr oder aber wieder 30 Minuten später, also in diesem Falle um 08.30 Uhr. Das bedeutet für den Room-Service, daß er in jeder Stunde zwei Spitzenzeiten zu bewältigen hat. Im Extremfall kann ein Gast, der die Zeit

8.00 – 8.30

angekreuzt hat, eine halbe Stunde auf sein Frühstück warten müssen. Er wird also unzufrieden werden. Aus diesem Grunde gibt man oftmals lieber einen Zeitabstand von 20 Minuten oder gar 15 Minuten an, was der tatsächlich gewünschten Zeit des Gastes schon wesentlich näher kommt. Nur im Einzelfall wird der Service einem Gast p u n k t 08.00 Uhr das Frühstück auf das Zimmer bringen können. Allein die Vorstellung, daß bei einer Tagung alle Tagungsteilnehmer die gleiche Frühstückszeit wünschen, läßt erkennen, daß das die Bedingungen eines jeden Hauses sprengen würde.
Ist der Zeitpunkt auf 20 Minuten ausgedehnt, so hat der Service zumindest 20 Minuten Zeit, allen Gästen das Frühstück zu servieren, und zwar in der vom Gast gewünschten Zeit.

Der Frühstückservice

1. Die Frühstücksbestellzettel werden eingesammelt.
2. Die Frühstücksbestellzettel werden an einem vereinbarten Ort abgelegt und dort von einer Service-Fachkraft des Room-Service abgeholt.
3. Der Room-Service-Angestellte erhält gleichzeitig eine Zimmerbelegungsliste.
   Aus dieser Liste geht hervor:
   – welche Zimmer belegt sind
   – mit wie vielen Personen das Zimmer belegt ist
   – wann der Gast abreist
   – Name des Gastes
   – Art des Arrangements:
     + UF oder ÜF = Übernachtung mit Frühstück
     + HP = Halbpension (mit Frühstück)
     + VP = Vollpension (mit Frühstück)
     + Appt = Appartement (ohne Frühstück)
     + U oder Ü = Übernachtung ohne Frühstück

```
                Zimmerbelegungsliste
vom:
101   Meier            2    15. 7.   HP
102   Merzinger        2    15. 7.   ÜF
103
104
105
106   Schukte          1    16. 7.   ÜF
107   Dr. Franziskus   3    14. 7.   HP
108   Von Augustin     4    15. 7.   HP
109
110   Schäfer          2    15. 7.   HP zu 114
111   Bamberger        1    15. 7.   ÜF
112   Hartwig          2    18. 7.   ÜF
113
114   Schäfer          2    15. 7.   HP zu 110
115   Schulte          3    15. 7.   APPT
116
117   Klausewitz       2    18. 7.   VP Hund
118   Holderried       2    15. 7.   ÜF
```

Abb. 43

4. Der Service-Fachangestellte überprüft anhand der Zimmerbelegungsliste die Frühstücksbestellzettel.
   Er kontrolliert:
   – Stimmt die markierte Zimmernummer überein?
   – Ist das Zimmer belegt?
   – Mit wieviel Personen ist das Zimmer belegt, d.h. sind z.B. mehr Frühstücke bestellt, als Gäste auf dem Zimmer wohnen?
   – Ist das gebuchte Arrangement entsprechend?
   – Sind bestimmt Extras zu buchen?
5. Dabei stellt die Service-Fachkraft möglicherweise fest, daß bestimmte Extras nachgebucht werden müssen.
   Beispiel:
   Auf der Zimmerbelegungsliste ist bei Zimmer 202 markiert: 2 Personen. Auf dem Frühstücksbestellzettel aber steht: 3 Personen. Ein Frühstück muß demnach nachgebucht werden.
   Oder: Die Service-Fachkraft stellt fest, daß das Arrangement nicht übereinstimmt. Es müssen drei Frühstücke gebucht werden, da der Gast beim Arrangement APPT (=Appartement) kein Frühstück mitgebucht hat.
6. An der Registrierkasse bucht die Service-Fachkraft die Extras oder die fehlenden, noch zu buchenden Frühstücke nach.
7. Der Service-Angestellte benutzt hierzu einen Guest-Check, eine Gästerechnung. Auf diesem Guest-Check markiert er, je nach Kassensystem, folgende Angaben:
   – Zimmernummer des Gastes
   – Art der Extras oder Frühstücke
   – Anzahl der Extras oder Frühstücke
   – Name des Gastes
   – Datum
   – sein Kellnerzeichen bzw. seine Kellnernummer
8. Den fertiggestellten Guest-Check heftet er mit dem jeweiligen Frühstücksbestellzettel zusammen.
9. Alle Frühstücksbestellzettel werden jetzt nach der Zeit sortiert.

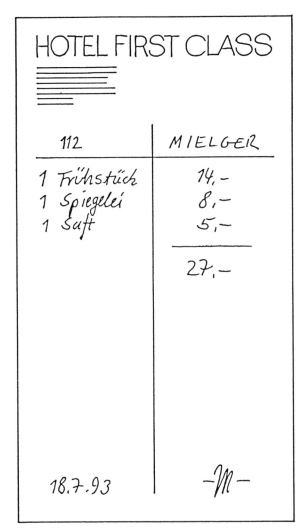

Abb. 44

Beispiel:
alle Bestellungen
links   für 7.00 – 7.20
Mitte   für 7.20 – 7.40
rechts   für 7.40 – 8.00

Man kann die jeweiligen Stapel auch so aufeinander legen, daß die früheste Zeitspanne immer obenauf liegt.

Weiter ist es möglich, daß die Frühstücksbestellzettel an einem dafür vorgesehenen Brett aufgehängt werden. An diesem Brett sind für jede Zeitspanne Haken angebracht. An diese Haken werden die Zettel je nach Zeit übereinandergehängt.

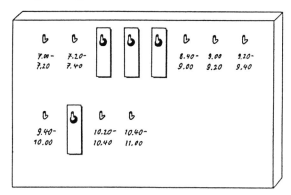

Abb. 45

Da alle Zeitabstände immer zusammen auf einem Stapel liegen oder hängen, kann kein Frühstück vergessen werden.

10. Die Kaffeemaschine wird vorbereitet:
    – Kaffee
    – Teebeutel
    – Schokoladenbeutel
    – Zitronenscheiben, -achtel oder -beutel
    – kalte Milch

11. Auf einem Tisch wird die Frühstücks-Mise-en-place vorbereitet:
    – geschnittenes Brot
    – Brötchen
    – Croissants
    – Konfituren
    – Honig/Nutella
    – Cornflakes
    – Käseportionen
    – Müsli
    – Saftgläser
    – Saftkaraffen
    – Schalen für Cornflakes u.ä.
    – alles, was sonst beim Frühstück verlangt und am Tag vorher nicht vorbereitet werden kann

12. Die Tabletts wurden bereits am Vortag vorbereitet.

Auf ihnen sind angerichtet:
– Papier- oder Stoffset
– Mittelteller
– Unterteller
– Kaffeelöffel
– Mittelmesser
– Mittelgabel
– Serviette
– Teller oder Schale mit Konfituren und Honig
– Teller oder Schale mit Zucker, Süßstoff usw.

13. Auf einem besonderen Tisch werden die Anzahl Frühstücktabletts zurechtgestellt, die für die erste Zeitperiode benötigt werden.
    Achten Sie darauf, daß alle Frühstückstabletts in die gleiche Richtung zeigen.

14. Der Service-Angestellte nimmt den ersten „Zeitblock", das sind die Frühstücksbestellzettel der Zeit 07.00 – 07.20 Uhr. Er legt diese Frühstücksbestellzettel mit den angehefteten Guest-Checks zur Hälfte unter die Frühstückstabletts, und zwar so, daß er die Zimmernummer sowie auch die angekreuzten Extra-Wünsche erkennen kann.

15. Alle Tabletts werden für zwei Personen vorbereitet. Es wird kontrolliert, ob auf dem ein oder anderen Frühstücksbestellzettel Frühstücke für eine, drei oder mehrere Personen (also nicht für zwei Personen), bestellt wurden.
    Dementsprechend wird die Mise-en-place auf dem Tablett geändert.
    Bei einer Person nimmt er weg: (Bei drei Personen gibt er diese Teile dazu):
    – 1 Serviette
    – 1 Mittelteller
    – 1 Mittelgabel
    – 1 Mittelmesser
    – 1 Kaffeelöffel
    – 1 Unterteller

    Gleichfalls ist die Zahl der Konfituren und Honigportionen anzupassen.

16. Nachdem alle Tabletts entsprechend der Personenzahl vorbereitet sind, kommt zusätzlich auf jedes Tablett:
    – Brotkorb mit
      + Zwieback
      + Knäckebrot

+ Schwarzbrot
+ Croissant

17. Zusätzlich folgende Beilagen:
    - Käseportionen
    - Wurstportionen
    - Frischkäse
    - Aufschnittkäse
    - Aufschnittwurst
    - Joghurt

18. Extra-Bestellungen werden nun berücksichtigt:
    - Sekt oder Champagner
    - Eiergerichte
    - Säfte usw.

19. Die dafür benötigte Mise-en-place wird dazugegeben:
    - Sekt-Kühler
    - Sektgläser
    - Eierbecher
    - Salz- und Pfeffermenagen
    - Spezialbestecke

20. Warme Extra-Gerichte werden erst dann auf das Tablett gestellt, sobald es auf das Zimmer gebracht wird.
21. Auf eine Ecke des Sets wird die Nummer des Zimmers notiert, auf das das Frühstück zu bringen ist.
22. Zusätzlich wird der Guest-Check auf das Tablett geklemmt, damit er nicht beim Transport vom Tablett geweht wird.
23. Alle extra-bestellten warmen Gerichte werden abgerufen.
24. Säfte werden auf das Tablett gestellt.
25. Sobald die warmen Gerichte zubereitet sind, werden auch diese auf das Tablett gegeben (mit Cloche arbeiten, d.h. mit einem Wärmedeckel für warme Gerichte).
26. Die vorgewärmten Kaffeetassen werden dazugestellt.
27. Das Frühstückstablett ist soweit vorbereitet, daß es auf das Zimmer gebracht werden kann.
28. Auf einer Tafel markiert die Service-Fachkraft, die das Frühstück auf das Zimmer bringen wird, die Zimmernummer sowie die exakte Zeit, zu der sie das Tablett aus dem Office bringt.
    Somit kann jederzeit erkannt werden, wann ein Frühstück auf welches Zimmer gebracht wurde.

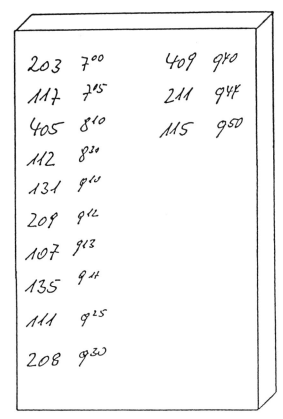

Abb. 46

29. Ca. 5 Minuten vor 07.00 Uhr nimmt der Room-Service-Angestellte das erste Tablett auf die linke Hand und trägt das Tablett so, daß es nicht umkippen kann. Die rechte Hand hält er frei, damit er Gefahren ausweichen, sich am Geländer festhalten oder Türen öffnen kann.
30. Er vergißt nicht, den Room-Service-Paß mitzunehmen, einen Schlüssel, mit dem er alle Gästezimmertüren öffnen kann.

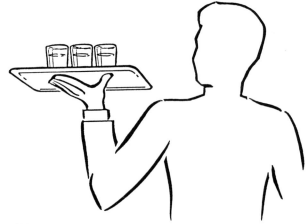

Abb. 47

Teil 1 Das Frühstück

Telefonische Bestellannahme
1. Die gesamte Mise-en-place, wie bereits beschrieben, steht bereit.
2. Das Frühstücks-Telefon läutet – ein Gast ruft im Room-Service-Office an, um sein Frühstück zu bestellen.
3. Bei bestimmten Telefongeräten erscheint auf einem Anzeigen-Display die anwählende Telefonnummer. Man sieht, von welchem Zimmer aus angerufen wird.
    In diesem Fall schaut der Room-Service-Angestellte auf die Zimmerbelegungsliste und kann schon vor Abnehmen des Telefonhörers wissen, wie er den anrufenden Gast mit Namen anreden kann.
4. Er nimmt den Telefonhörer ab und meldet sich:
    „Room-Service, guten Morgen".
    „Hier Room-Service, guten Morgen".
    „Guten Morgen, hier Room-Service, Müller am Apparat".
    „Room-Service, Sie sprechen mit Herrn Schneider".
    „Guten Morgen, hier Room-Service, Sie wünschen?"
    „Guten Morgen, Frau Köster, hier Room-Service, Jens am Apparat, Sie wünschen?"
5. Sobald der Angestellte den Telefonhörer abnimmt oder eine hierfür vorgesehene Taste betätigt, hat er bereits einen Schreibstift in der Hand.
    Vor ihm liegt ein aufgeschlagenes Bonbuch, in das er die gewünschte Bestellung einträgt.
    Die Bons sind fortlaufend numeriert und werden auch in dieser Reihenfolge beschriftet.
    Auf dem ersten Bon, also dem Bon mit der kleinsten Nummer, steht das Datum des jeweiligen Tages.

	311		301
	312		302
	313		303
	314		304
	315		305
	316		306
	317		307
	318		308
	319		309
	320		310

Abb. 48

6. Zuerst notiert er sich die Zimmernummer, die er am Telefonapparat abliest oder vom Gast erfragt.
7. Dann schreibt er daneben die Uhrzeit, die er auf der Wanduhr im Office abliest.
8. Jetzt notiert er die gewünschte Bestellung. Das Telefongespräch könnte wie folgt verlaufen. Gleichzeitig werden die Eintragungen ins Bonbuch vorgenommen:
    Gast: „Guten Morgen, ich rufe von Zimmer 224 an. Ich wünsche ein Frühstück komplett."
    Service: „Einmal Frühstück komplett, mit Kaffee oder Tee?"
    Gast: „Mit Kaffee, bitte."
    Service: „Wünschen Sie zu Ihrem Frühstück zusätzlich einen Orangensaft oder einen Tomatensaft?"
    Gast: „Lieber einen Tomatensaft."
    Service: „Wünschen Sie noch ein weichgekochtes Ei oder ein Spiegelei?"
    Gast: „Nein, kein Ei, aber doch ein Früchtejoghurt mit Erdbeeren."
    Service: „Gerne; ein Früchtejoghurt mit Erdbeeren. Darf es sonst noch etwas sein?"
    Gast: „Nein, danke."
    Service: „Es wird ca. 20 Minuten dauern, bis wir Ihnen das Frühstück servieren können."
    Gast: „Ja, es ist gut so, besten Dank, auf Wiederhören."
    Service: „Auf Wiederhören und danke schön."
9. Beim Bon-Beschriften haben sich einige Abkürzungen als zeitsparend herausgestellt:
    K = Kännchen Kaffee
    T = Kännchen Tee
    SCH = Kännchen Schokolade
    M = Kännchen Milch
    (In der Regel wird das Hotelfrühstück nicht tassenweise verkauft, so daß sich eine Unterscheidung zwischen Tassen- und Kännchenportionen erübrigt.)

    O'S = Orangensaft
    T'S = Tomatensaft
    G'S = Grapefruitsaft
    A'S = Apfelsaft
    J'S = Johannisbeersaft
    KS = Kaffee simple, d.h. nur ein Kännchen Kaffee ohne Frühstück
    KC = Kaffee complet, d.h. ein Kännchen Kaffee mit einem vollständigen Frühstück
    4′ = 4 Minuten Frühstücksei

Teil 1 Das Frühstück

Durch Anwendung dieser oder ähnlicher verständlicher Abkürzungen können die telefonischen Bestellungen schneller aufgeschrieben werden. Es verringert sich die Gefahr, daß etwas vergessen wird.
Alle Bestellungen des gleichen Zimmers können auf dem gleichen Bon notiert werden.

10. Aus dem oben wiedergegebenen Gespräch ist zu erkennen, daß der Service-Angestellte folgende Anweisungen befolgt hat:
    - alle Bestellungen wiederholen, um Verwechslungen zu vermeiden
    - versuchen, Extras zu verkaufen
    - sich freundlich mit dem Gast auseinandersetzen
11. Der Service-Angestellte trennt den Bon aus dem Bonbuch.
12. Er bucht etwaige Extras an der Registrierkasse auf einem Guest-Check nach.
13. Er heftet den Guest-Check mit dem Bon zusammen.
14. Er begibt sich zu dem Tisch, an dem die Tabletts vorbereitet sind und legt seine Bestellung zeitgerecht dazu.

Room-Service mit Tabletts

1. Der Room-Service-Angestellte verläßt mit dem Tablett das Room-Service-Office.
2. Er begibt sich zum Service-Fachkraft-Aufzug, der gleichzeitig ein allgemeiner Personenaufzug sein kann. In einigen Häusern ist das auch gleichzeitig der Gästeaufzug. Meistens sagt die Hausordnung, daß er nur dann einen Aufzug benutzen darf, wenn das aufzusuchende Hotelzimmer mindestens zwei Etagen höher liegt.
3. Sobald der Aufzug ankommt, begibt sich der Angestellte in den Aufzug. Sollten Gäste mitfahren, so haben diese grundsätzlich den Vortritt. Befinden sich bereits Gäste im Aufzug, werden sie freundlich begrüßt.
4. Im Aufzug selbst steht der Room-Service-Angestellte immer mit Blickrichtung zur Aufzugstür, niemals mit dem Rücken zur Tür, so daß er sehen kann, wer den Aufzug betritt.
5. Der Room-Service-Angestellte erreicht die gewünschte Etage.
6. Er verläßt die mitfahrenden Gäste mit freundlichem Gruß und begibt sich zum gewünschten Zimmer.
7. Vor dem Zimmer angekommen, überzeugt er sich nochmals, vor dem richtigen Zimmer zu stehen.
8. Mit der rechten Hand klopft er deutlich zwei- oder dreimal gegen die Zimmertür.
9. Der Gast ruft: „Herein!"
10. Sollte keine Antwort erfolgen, klopft der Angestellte ein zweites Mal an.
11. Sollte immer noch keine Antwort erfolgen, schließt er die Zimmertür mit dem mitgebrachten Room-Service-Paß auf.
12. Sollte eine rote Karte (Bitte nicht stören) vor der Tür hängen, begibt sich der Room-Service-Angestellte zurück ins Room-Service-Office oder ins Room-Service-Etage-Office.
13. Von dort wählt er die Zimmernummer an und fragt den Gast, ob er das Frühstück servieren darf.
14. Im positiven Fall begibt er sich ein weiteres Mal zur Zimmertür.
15. Sobald der Room-Service-Angestellte das Zimmer betritt, verhält er sich wie folgt:
    - Er muß sich im klaren darüber sein, daß er zu dieser Tageszeit in die Privat- bzw. Intimsphäre des Gastes eindringen kann. Auf diesem Grunde verhält er sich sehr taktvoll, das heißt:
    - Er läßt seine Blicke nicht durch das Zimmer schweifen.
    - Er schaut diskret nach unten.
    - Er begibt sich direkt zum Tisch.
    - Er schaut nicht zum Bett.
    - Er schaut nicht ins Badezimmer.
16. Er läßt grundsätzlich die Zimmertür weit offen stehen.
    Das hat zwei wichtige Gründe:
    1. Seine eigene Sicherheit. Der Gast wird nicht auf Gedanken privater Art kommen, da er ständig damit rechnen muß, daß andere Personen ins Zimmer schauen.
    2. Diebstahl. Ist die Tür immer geöffnet, können auf dem Flur vorbeikommende Personen sehen, daß er lediglich das Frühstück serviert und nicht etwa in Handtaschen oder privaten Dingen des Gastes nachschaut.
17. Je nach Größe des Zimmers wiederholt der Angestellte seinen Morgengruß, sobald er den Raum betritt.
18. Der Room-Service-Angestellte begibt sich direkt an den Tisch und stellt dort das Tablett ab. In manchen Häusern ist es üblich, daß

das Frühstück auf dem Tisch eingedeckt wird.
19. Hat der Gast einen Guest-Check zu unterschreiben, begibt sich der Angestellte mit dem Guest-Check in der Hand zum Gast, um diesen unterschreiben zu lassen. Er vermeidet auch hier jedes Umherschauen.
20. Hat der Gast unterschrieben – der Angestellte hat ihm einen Schreibstift gereicht – hat der Room-Service-Angestellte sofort das Zimmer wieder zu verlassen. Private Gespräche sind zu unterlassen.
Kann der Gast nicht unterschreiben, da er sich z.B. gerade im Bad befindet, vermerkt der Angestellte das auf dem Guest-Check. Er läßt den Guest-Check umgehend vom Oberkellner abzeichnen.
21. Der Angestellte verläßt das Zimmer so, daß er dem Gast nicht oder kaum den Rücken zukehren muß.
22. Er wünscht dem Gast einen guten Tag und verläßt den Raum.
Der Room-Service-Angestellte kann den Gast informieren, daß er das Frühstückstablett etwa eine Stunde später abräumen wird. Ist dem Gast dieser Zeitpunkt nicht genehm, wird eine andere Zeit vereinbart.
23. Die Zimmertür wird leise geschlossen, wobei der Room-Service-Angestellte sich davon überzeugt, daß die Tür auch tatsächlich ins Schloß gefallen ist. Das gilt ganz besonders dann, wenn sich der Gast im Badezimmer aufhält.
24. Der Angestellte begibt sich zum Treppenhaus.
25. Je nach Stockwerk läuft er die Treppen zu Fuß zum Office hinunter. Nur bei sehr hohen Etagenzahlen kann der Aufzug auch zur Abfahrt benutzt werden. Hier ist die jeweilige Hausordnung zu beachten.
26. Der Room-Service-Angestellte begibt sich auf dem schnellsten Wege zurück zum Room-Service-Office, um dort das nächste Frühstückstablett entgegenzunehmen.

Abräumen mit dem Wagen
1. Etwa zwei Stunden, nachdem das erste Frühstück serviert wurde, beginnt man mit dem Abräumen der Tabletts mit dem Abräumwagen. Je nach Haus ist es möglich, bis zum Ende der Frühstückszeit zu warten, um dann das Frühstück abzuräumen. Man kann dann ziemlich sicher sein, daß sich kein Gast mehr im Zimmer befindet, den man sonst unweigerlich stören würde.
2. Ein Abräumwagen kann so aussehen:

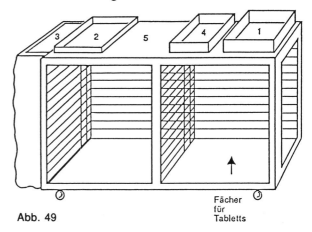

Abb. 49

Auf dem Wagen stehen:
1. Wanne für Besteckteile
2. Wanne für Abfälle
3. Abfallsack
4. Wanne für unbenutzte, original verpackte Lebensmittel
3. Auf dem Wagen bleibt eine freie Fläche (5), auf der leere Kaffeekännchen Platz finden.
4. Der Room-Service-Angestellte schaut im Office auf die Tafel, auf der alle Frühstücke notiert wurden. Er sucht sich jene Zimmer aus, die auf der gleichen Etage liegen oder zumindest im gleichen Bereich.
5. Er notiert sich die ausgesuchten Zimmer auf einem kleinen Zettel oder Block.
6. Mit dem Abräumwagen fährt er zum Aufzug. Dabei stellt er den Wagen so, daß er keinen Flur versperrt, aber auch nicht den Zugang zum Aufzug.

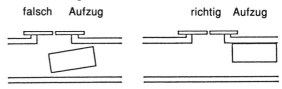

Abb. 50/51

7. Sobald der Aufzug kommt, schiebt er seinen Wagen hinein.
8. Der Room-Service-Angestellte stellt sich vor den Wagen, d.h. zwischen Wagen und Aufzugstür, und wendet sich der Aufzugstür zu. Auf diese Weise kann er immer neueintretende Gäste begrüßen.

9. Sobald der Aufzug in der gewünschten Etage angekommen ist, z i e h t der Angestellte den Abräumwagen aus dem Aufzug.
10. Mitfahrenden Gästen wird immer der Vortritt gewährt.
11. Mit dem Abräumwagen fährt er vor die Zimmertür, deren Nummer er sich auf dem Block notiert hat.
12. Vor dem Zimmer angekommen, achtet er darauf, daß der Abräumwagen nicht den Korridor versperrt und Gäste oder Personal behindert.
13. Deutlich klopft er zwei bis dreimal an die Zimmertür.
14. Hört er ein „Herein" vom Gast, öffnet er die Zimmertür.
15. Merkt er keine Reaktion, klopft er erneut an.
16. Er schließt die Zimmertür mit dem Room-Service-Paß auf.
17. Er öffnet die Tür weit und betritt das Zimmer. Der Abräumwagen bleibt auf dem Flur stehen.
18. Beim Betreten des Zimmers sagt er laut und deutlich: "Guten Morgen, Room-Service."
19. Er begibt sich auf dem schnellsten Weg zum Tisch, auf dem das Frühstückstablett steht.
20. Hier räumt er Frühstücksabfälle oder Frühstücksgeschirr, das neben dem Tablett steht, auf dieses zurück.
21. Er nimmt das Tablett und verläßt das Zimmer.
22. Sollte noch ein Gast anwesend sein, verabschiedet sich der Room-Service-Angestellte höflich.
23. Sobald er das Zimmer verlassen hat, schließt er die Zimmertür hinter sich und achtet darauf, daß die Zimmertür ins Schloß einschnappt.
24. Er schiebt das Tablett auf ein Fach im Abräumwagen und räumt Kännchen und Abfälle in die dafür vorgesehene Behältnisse. Bei diesem Vorgang schiebt er das Tablett nur etwas mehr als die Hälfte in das Fach, hält es mit der linken Hand fest und räumt mit der rechten Hand ab.
25. Er räumt ab:
   – Kaffeekännchen
   – Verpackungsmaterial
   – Speisenreste
   – unbenutzte und original verpackte Lebensmittel

26. Jetzt wird das Tablett endgültig in das Fach geschoben.
27. Auf dem Block streicht er die Nummer des Zimmers durch.
28. Er begibt sich zum nächsten Zimmer, das er auf dem Block vermerkt hat. Er achtet darauf, daß dieses Zimmer in der Nähe vom soeben abgeräumten Zimmer liegt, um unnötige Wege zu vermeiden.
29. Da immer wieder Gäste wie auch Personal an seinem Abräumwagen vorbeikommen können, hält er den Wagen so weit es geht sauber, d.h., daß er Essensreste und Abfälle korrekt versorgt.
30. Sollte ein Zimmermädchen gerade ein Zimmer reinigen, dann hat sie bereits das Tablett vor die Tür gestellt.
31. Es ist natürlich auch möglich, daß der Gast sein Tablett selbst vor die Tür gestellt hat, um nicht weiter gestört zu werden.
32. Sind alle Tabletts abgeräumt, fährt der Room-Service-Angestellte zum Etagen-Office. Er schaut hier nach, ob noch weitere Frühstückstabletts abgestellt wurden, oder ob anderes Geschirr oder Geschirr von der Nacht mitzunehmen sind.
33. Da auf allen Tabletts auf dem Set die Zimmernummer markiert war, kann der Angestellte genau erkennen, aus welchem Zimmer das Tablett stammt und dementsprechend die Zimmernummer auf der Tafel streichen. Um das nicht zu vergessen, notiert er sich vorerst die Zimmernummer dieser Tabletts auf seinem Block.
34. Nachdem alle Tabletts abgeräumt sind oder wenn der Wagen keine weiteren Tabletts mehr aufnehmen kann, fährt der Angestellte zum Aufzug zurück.
35. Sobald der Aufzug gekommen ist, schiebt er den Wagen in den Aufzug.
36. Auch bei der Abfahrt steht er wieder zwischen Wagen und Aufzugstür.
37. In der Etage des Frühstücks-Room-Service-Office angekommen, zieht er den Abräumwagen aus dem Aufzug.
38. Den Wagen jetzt vor sich herschiebend, fährt er zurück ins Room-Service-Office.
39. Dort angekommen, streicht er von der Tafel die Zimmernummern, die er sich auf seinem Block notiert hatte und von denen die Frühstückstabletts abgeräumt wurden.
40. Sind zwei oder mehrere Personen mit meh-

reren Wagen unterwegs, empfiehlt sich zur Vermeidung von doppelten Wegen folgendes System:
Die Nummern der Zimmer, zu denen man sich begeben will, streicht man einmal diagonal durch.

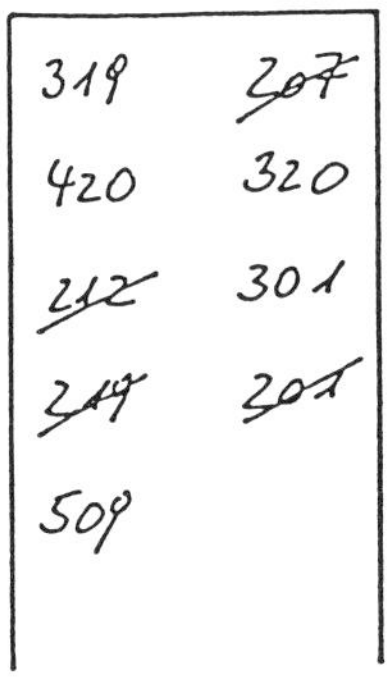

```
319    207
420    320
212    301
217    201
509
```

Abb. 52

Kommt man nach dem Abräumen zurück, streicht man die Nummer ein zweites Mal durch.

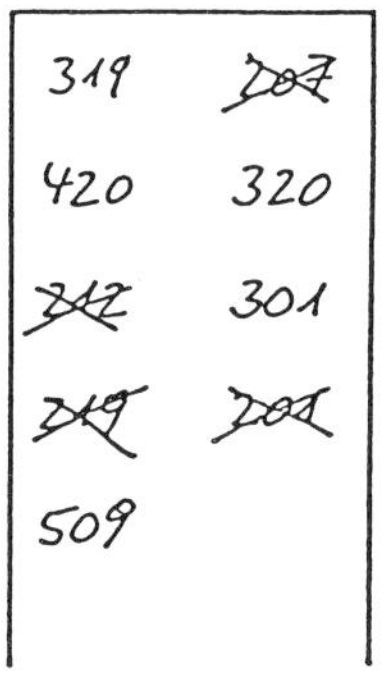

```
319    207
420    320
212    301
217    201
509
```

Abb. 53

Auf diese Weise weiß jeder Angestellte immer:
– Zu welchem Zimmer ist ein Angestellter unterwegs?
– Zu welchem Zimmer ist noch niemand unterwegs?
– Welches Zimmer kann ich mir zum Abräumen aussuchen?
– Welche Zimmer sind tatsächlich schon abgeräumt?

Um (im Reklamationsfall) erkennen zu können, welcher Angestellte aus welchem Zimmer abgeräumt hat, kann man verschiedenfarbige Kreidefarben verwenden. (Je Angestellter eine andere Farbe).

41. Mit dem Abräumwagen wird zur Spülküche gefahren, um die Wannen und den Wagen abzuräumen.
42. Der Wagen wird abgeräumt, damit er gleich wieder benutzt werden kann. Der Angestellte stellt also wieder leere Wannen auf und hängt einen neuen, leeren Abfallsack an den Wagen.
43. Er begibt sich zur Tafel zurück und fährt mit seiner Arbeit fort.

Einzeln abräumen
1. Frühestens eine Stunde, nachdem das Frühstück serviert wurde oder zu einer bestimmten, mit dem Gast vereinbarten Zeit, kann das Frühstückstablett wieder abgeräumt werden.
2. Anders als beim Abräumen mit dem Wagen ist es hier möglich, zwei Gänge miteinander zu verbinden: ein Tablett abzuräumen und ein Frühstück auf ein anderes Zimmer zu bringen.
3. Das bedeutet zum Beispiel:
Ein Frühstück wird auf das Zimmer 444 gebracht. Auf der Tafel im Room-Service-Office kann man sehen, daß eine Stunde vorher auf Zimmer 449 ein Frühstück serviert wurde.
Im gleichen Arbeitsweg, wenn Zimmer 444 sein Frühstück erhält, kann der Service-Angestellte das Tablett von Zimmer 449 abräumen und zurück ins Office bringen. Es ist nicht nötig, daß für dieses Zimmer einmal extra gegangen wird.
Im weiteren Text wird davon ausgegangen, daß alle Frühstücke bereits serviert wurden.
4. Der Service-Angestellte begibt sich zur Tafel, auf der markiert wurde, wann und auf welche Zimmer das Frühstück gebracht wurde.
5. Er notiert sich die Zimmernummer, die ganz oben auf der Tafel vermerkt wurde. Das ist das Zimmer, das als erstes Frühstück erhielt.
Er streicht auf der Tafel diese Zimmernummer einmal diagonal durch.
6. Er begibt sich zum Aufzug.
7. Mit dem Aufzug fährt er zur gewünschten Etage.
8. Dort begibt er sich zu dem Zimmer, dessen Nummer er sich notiert hat.
9. Nach Anklopfen und entsprechender Aufforderung betritt er das Zimmer.

Teil 1 Das Frühstück

10. Er nimmt das Tablett und verläßt das Zimmer wieder.
11. Er schließt die Zimmertür gut hinter sich und begibt sich zum Treppenhaus.
12. Er benutzt das Treppenhaus, um ins Frühstücks-Office zurückzukehren.
13. Dort angetroffen, streicht er auf der Tafel die Zimmernummer ein zweites Mal durch, als Zeichen dafür, daß das Zimmer abgeräumt ist.
14. Er begibt sich mit seinem Tablett zur Spülküche.
15. Dort räumt er das Tablett ab.
16. Er geht zur Tafel zurück, notiert sich die folgende Zimmernummer auf seinem Block, streicht diese Nummer einmal auf der Tafel durch und begibt sich erneut zum Aufzug.
17. Wurden alle Tabletts abgeräumt, muß der Room-Service-Angestellte nochmals ins Etagen-Office gehen und nachschauen, ob dort von der Housekeeping-Abteilung noch Tabletts oder anderes Geschirr stehen gelassen wurden.
18. Man kann erkennen, daß dieses System, speziell bei sehr viel Frühstücks-Room-Service, sehr zeitaufwendig ist, sofern man es nicht, wie vorher beschrieben, mit dem Servieren direkt verbinden kann.

Room-Service mit einem Lastenaufzug

In manchem Hotels gibt es einen kleinen Room-Service-Lastenaufzug.
Meistens sind zwei Aufzüge direkt nebeneinander, zum einen wegen des anfallenden Arbeitsaufwands, zum anderen wegen der Möglichkeit des Defekts eines Aufzugs und der damit verbundenen Schwierigkeiten.
Manche Hotels benutzen bestimmte Aufzüge für bestimmte Etagen:
Aufzug 1 = Etage 1 − 6
Aufzug 2 = Etage 7 − 12
Aufzug 3 = Etage 14 − 19

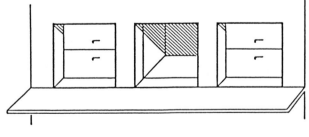

Abb. 54

Ist der Room-Service zum Frühstück in einem Hotel sehr ausgeprägt, empfiehlt sich auf jeder Etage ein spezielles Frühstücks-Office, von wo aus die Frühstücke in die Zimmer gebracht werden.
Solch ein Etagen-Frühstücks-Office lohnt sich nur dann, wenn
− das Haus sehr groß (und hoch) ist,
− sehr häufig Frühstücke auf den Zimmern verlangt werden.

Die Nachteile:
− zusätzliches Personal
− größere Lagerbestände
− zusätzliche Kontrollarbeiten
− Personal kann schwieriger beaufsichtigt werden

Einige Häuser sind dazu übergegangen, ein Office für mehrere Etagen einzurichten, z.B. für je drei Etagen ein Office, das sich jeweils in der mittleren der drei Etagen befindet.

9. Etage	
8. Etage	Office 7-9
7. Etage	
6. Etage	
5. Etage	Office 4-6
4. Etage	
3. Etage	
2. Etage	Office 1-3
1. Etage	

Abb. 55

Im weiteren Text gehen wir davon aus, daß alle Frühstücke in e i n e m zentralen Frühstücks-Office zubereitet und von dort auf die jeweilige Etage geschickt werden.
1. Das Etagen-Room-Service-Office ist im eben beschriebenen Fall recht karg eingerichtet. Es kann die folgenden Einrichtungen haben:
   − 1. Eingang
   − 2. Lastenaufzug / Lift
   − 3. Tisch oder Ablagefläche
   − 4. Ablagefläche mit Block und Telefon

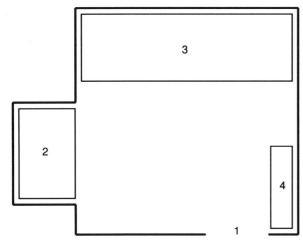

Abb. 56

Hin und wieder ist das Etagen-Room-Service-Office mit dem Etagen-Office der Hausdame im gleichen Raum untergebracht.

2. Vor dem Service wird vereinbart, daß vom zentralen Office aus in das Etagen-Office ein Signal gegeben wird, sei es ein Klingeln oder ein direktes Anläuten mit dem Haustelefon. Der Service-Angestellte, der sich auf der Etage befindet, weiß dann, daß ein Frühstück in seinem Office hochgeschickt wird.
3. Im zentralen Room-Service-Office ist ein Frühstückstablett vorbereitet worden.
4. Der Lastenaufzug wird geöffnet.
5. Das Tablett wurde so in den Aufzug gestellt, daß es sich während der Fahrt nicht verschieben und somit den Aufzug blockieren kann.

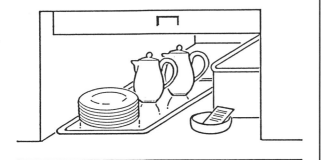

Abb. 57

6. Auf dem Set (das auf dem Tablett liegt), wird die Zimmernummer abgelesen, wohin das Frühstückstablett gebracht werden soll. In den meisten neuen Hotels entspricht die erste bzw. die ersten beiden Ziffern jeweils der Etagenzahl.

```
756  = 7. Etage
834  = 8. Etage
911  = 9. Etage
1016 = 10. Etage
```

7. Der Angestellte im zentralen Office drückt am Aufzug den entsprechenden Etagenknopf, womit er gleichzeitig – je nach System – dort ein Signal auslöst.
8. Er schließt den Lastenaufzug; das Frühstück wird in die gewünschte Etage transportiert.
9. Der Etagen-Service hat das Signal vernommen und weiß, daß ein Frühstück in seine Etage geschickt wird.
10. Sobald der Lastenaufzug eintrifft, öffnet der Angestellte ihn und nimmt das Frühstück aus dem Aufzug.
11. Der Aufzug ist sofort wieder zu verschließen und umgehend zurückzuschicken. Dort weiß man dann, daß das Frühstück angekommen ist und nicht etwa im Aufzug vergessen wurde. Der Lastenaufzug kann für den nächsten Transport benutzt werden.
12. Mit dem entnommenen Tablett begibt sich der Etagen-Room-Service zum entsprechenden Zimmer.
13. Er vergleicht die Zimmernummer mit der markierten Nummer auf dem Frühstücksset.
14. Er verfährt nun so, wie in den anderen vorangegangenen Kapiteln beschrieben.
15. Danach geht er zurück ins Etagen-Office, wo er das nächste Frühstück aus dem Aufzug entnimmt und erneut mit dem Service beginnt.

Abräumen der Frühstückstabletts bei Vorhandensein eines Etagen-Frühstücks-Office

1. In seinem Etagen-Frühstücks-Office hat der Etagen-Room-Service-Angestellte auf einer Tafel markiert, wann er in welchem Zimmer das Frühstück serviert hat.
Frühestens nach einer Stunde kann er mit dem Abräumen der Tabletts beginnen.
2. Er schaut sich auf der Tafel die Zimmernummer an, die auf seinem Arbeitsweg am nächsten liegt, oder wohin das Frühstück schon sehr lange vorher serviert worden war.
3. Er begibt sich zu diesem Zimmer.
4. Dort angekommen, klopft er zwei- bis dreimal deutlich an.

Teil 1 Das Frühstück 45

5. Auf entsprechende Aufforderung hin betritt er das Zimmer.
6. Er nimmt das Frühstückstablett vom Tisch und verläßt das Zimmer.
7. Er begibt sich ins Etagen-Office zurück.
8. Dort angekommen, gibt es zwei Möglichkeiten, weiter zu verfahren.
   a. Jedes Tablett, das abgeräumt wurde, wird einzeln mit dem Aufzug ins zentrale Office zurückgefahren.
   b. Im Etagen-Office werden mehrere Tabletts gesammelt und vorsortiert. Der Service-Angestellte gibt Bestecke in eine Wanne, Abfall in eine andere. Unbenutzte und originalverpackte Lebensmittel werden extra gelegt. Alle Kännchen werden auf ein Tablett gestellt. Die Teller werden gestapelt.
9. Der Lastenaufzug wird gerufen.
10. Dort hinein gibt der Etagen-Service ein oder mehrere Tabletts oder Wannen und schickt den Aufzug ins zentrale Office zurück.
    Auf einem beigelegten Zettel sind alle Zimmernummern notiert, aus denen die Frühstückstabletts abgeräumt wurden.
11. Im zentralen Frühstück-Office angekommen, wird das Geschirr aus dem Aufzug geräumt und zur Spülküche gebracht.
12. Anhand des beigelegten Zettels werden nun auf der Tafel die Zimmernummern ausgestrichen.
13. Bei Zwischenfragen steht immer die telefonische Verbindung zur Verfügung. Es ist auch möglich, daß man mit einem Funksystem arbeitet.
14. Hat der Etagen-Service alle Tabletts abgeräumt, läßt er Geschirr und Zubehör mit dem Aufzug ins zentrale Office transportieren.
15. Je nach Vereinbarung erhält er saubere, neue Wannen nach oben geschickt, oder er nimmt diese bei Dienstantritt am nächsten Morgen wieder mit auf das Etagen-Office.

Room-Service mit fahrbaren Frühstücks-Tischchen

Alle Vorbereitungsarbeiten entsprechen denen, die oben bereits beschrieben wurden.
Als Abweichung davon sei lediglich bemerkt, daß das Frühstück nicht auf einem Arm transportiert, sondern auf einem fahrbaren Frühstücks-Tischchen abgestellt wird.

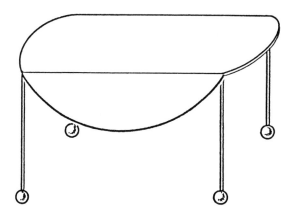

Abb. 58

Der Room-Service-Angestellte verfährt wie folgt:
1. Er verläßt das Room-Service-Office und schiebt das Frühstücks-Tischchen vor sich her. Er sollte das Tischchen immer schieben, damit er sehen kann, was von vorn auf ihn zukommt.

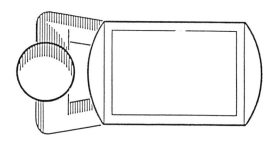

Abb. 59

2. Er fährt zum Aufzug.
3. Mit dem Aufzug begibt er sich auf die entsprechende Etage.
4. Dort angekommen, fährt er vor die gewünschte Zimmertür.
5. Er klopft zwei- bis dreimal an die Tür.
6. Nach erfolgter Aufforderung öffnet er die Zimmertür.
7. Er schiebt das Frühstücks-Tischchen vor sich her ins Zimmer.
8. Gleichzeitig begrüßt er den Gast wie oben beschrieben.
9. Das Frühstücks-Tischchen stellt er an geeigneter Stelle im Zimmer auf.
10. Er klappt die beiden Seitenteile des Frühstücks-Tischchen hoch.
11. Das Frühstückstablett bleibt auf dem Wagen stehen. Er räumt das Mittelbesteck, den Mit-

telteller, Kaffeeunterteller und Kaffeetasse sowie Kaffeelöffel, die Serviette und das Frühstücksgetränk um.

Das Frühstücks-Tischchen sieht dann folgendermaßen aus:

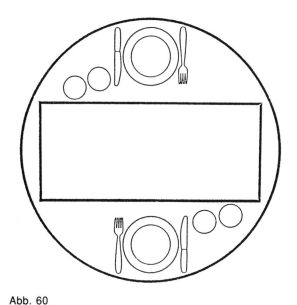

Abb. 60

12. Er schiebt einen bzw. zwei Stühle an das Frühstücks-Tischchen.
13. Sofern die Gäste bereit sind, das Frühstück einzunehmen, wird der Service-Angestellte fragen:
   „Darf ich Ihnen die Getränke schon einschenken?"
14. Bejaht der Gast, gießt der Angestellte die Getränke ein, wobei er sich erkundigt, ob der Gast Zucker, Milch, Zitrone oder ähnliches in seinem Getränk wünscht.
15. Anschließend läßt er sich seinen Guest-Check gegenzeichnen.
16. Er bedankt sich, wünscht einen schönen Tag.
17. Sodann verläßt er das Zimmer.
18. Er schließt die Zimmertür hinter sich und begibt sich zum Treppenhaus.
19. Er läuft jetzt zu Fuß ins Room-Service-Office zurück.
20. Dort angekommen, wird er den nächsten Service ausführen.
   Anmerkung:
   Es ist möglich, daß das Frühstück direkt auf dem Frühstücks-Tischchen angerichtet bzw. eingedeckt wird, also nicht, wie beschrieben, auf einem Frühstückstablett. Die Anrichteweise auf dem Tischchen sieht dann aber genauso aus, wie auf einem Frühstückstablett.

Abräumen des fahrbaren Frühstücks-Tischchens

1. Auf der Tafel erkennt der Service-Angestellte, auf welches Zimmer er das Frühstücks-Tischchen gebracht hat.
2. Frühestens nach einer Stunde oder aber zur vereinbarten Zeit begibt er sich zu diesem Zimmer.
3. Im Zimmer angekommen, räumt er das Geschirr von den aufgeklappten Seiten zurück auf das Tablett in der Tischmitte.
4. Er klappt die aufgeklappten Seiten des Tischchens nach unten.
5. Sind die Gäste noch im Zimmer, verabschiedet er sich höflich und zieht das Tischchen aus dem Zimmer. Das hat den Grund, daß er die Gäste immer vor seinen Augen hat und ihnen nicht den Rücken zukehren muß.
6. Er verläßt das Zimmer.
7. Hinter sich schließt er die Zimmertür.
8. Er schiebt den Wagen zum Aufzug.
9. Mit dem Aufzug fährt er ins Room-Service-Office zurück.
10. Dort streicht er auf der Tafel die Zimmernummer durch.
11. Dann fährt er mit dem Frühstücks-Tischchen zur Spülküche, wo er abräumt.
12. Nun bringt er das Tischchen zu einem vorgesehenen Platz, wo es abgestellt wird.
13. Er begibt sich wieder zur Tafel, um das nächste Frühstücks-Tischchen abzuräumen.

Vorbereitungen für den nächsten Morgen

1. Alle übriggebliebenen Lebensmittel werden in die dafür vorgesehenen Schränke zurückgestellt.
2. Falls eine Bestellung erforderlich ist, wird dies nun getan.
3. Eine Bestellung kann so aussehen:

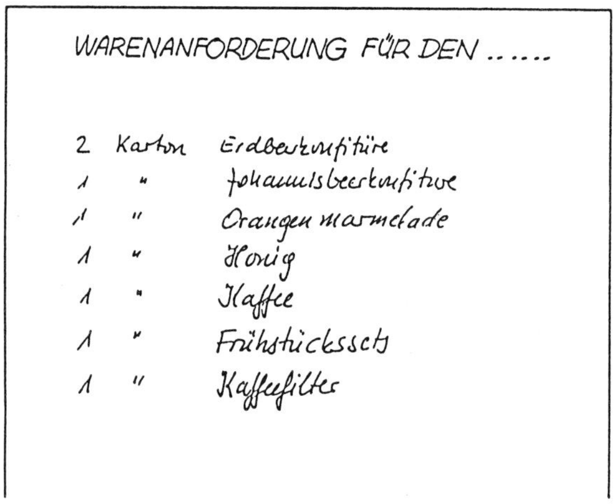

Abb. 61

4. Je nach Haustyp wird die Lieferung am Abend, sehr früh am nächsten Morgen oder während der Nacht ausgeführt.
5. Ein Office-Angestellter ist eingeteilt, zum Arbeitsbeginn die Lieferung zu überprüfen und die Ware einzuräumen.

Vorbereitung der Frühstückstabletts

1. Alle Frühstücke sind serviert, alle Frühstückstabletts wieder abgeräumt, die Room-Service-Etagen-Office abgeräumt und gereinigt. Folgende Arbeiten fallen jetzt im zentralen Room-Service-Office an:
2. Auf einem Tisch werden mehrere leere, gereinigte Frühstückstabletts nebeneinander gestellt.
3. Auf das Tablett wird ein Set gelegt. Dieses Set muß nicht aus Stoff sein; es eignet sich ein stoffähnliches oder Papierset.

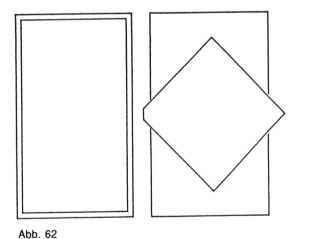

Abb. 62

4. Man kann das Set aus optischen Gründen auch diagonal auflegen, das ist jedoch unpraktischer zum Tragen und zum Einräumen in den Frühstückswagen.
5. Die Sets können
   – einfarbig,
   – mit Phantasiemuster,
   – mit Frühstücksmuster, das man aber kaum mehr erkennen kann, sobald das Frühstücksgeschirr auf das Tablett gestellt wird, gestaltet sein.
6. Es folgen Kaffeeunterteller und „Kleckerdeckchen" (Tropfauffangdeckchen) in die rechte untere Ecke.
7. Zwei Servietten werden übereinander in die Mitte des Tabletts auf die untere Tabletthälfte gelegt.
8. Auf die Servietten stellt man zwei Mittelteller.
9. Links neben die Mittelteller gehören zwei Mittelgabeln, rechts daneben zwei Mittelmesser, über die Kaffeeuntertasse zwei Kaffeelöffel.
10. Über die Mittelteller wird ein Teller oder eine Schale mit Konfiture und Honig sowie ein Teller oder eine Schale mit Zucker und Süßstoff plaziert.

Abb. 63

11. Gibt es Konfiture in Glasbehältern, so sind diese immer gereinigt und frisch aufgefüllt. Hier eignen sich auch fertige Portions-Konfituren im Glas.
12. Es muß beachtet werden, daß immer verschiedene Sorten von Konfituren auf den gleichen Teller, d.h. auf das gleiche Frühstückstablett kommen.
13. Werden Konfituren-Döschen für den Zimmer-Service auf einen Mittelteller gegeben, so kann man sie so legen:

Abb. 64/65

Man achte darauf, daß die Aufreißecken zur Mitte hin zeigen. Auf dem Mittelteller kommt zuerst ein Zierdeckchen, das in den beiden o.a. Arten gelegt werden kann.

Bitte nicht vergessen, daß die Farben kombiniert werden müssen, also nicht zwei rote oder zwei schwarze Konfiturensorten nebeneinander.

14. Werden Zuckerwürfel gereicht, muß die Hauptbeschriftung nach oben zeigen.
15. Somit ist das Frühstückstablett fertig vorbereitet für den nächsten Morgen.
16. Das Tablett wird in einen Frühstückswagen geschoben.
17. An den Seiten des Wagens befinden sich Laufschienen, auf denen die Tabletts abgesetzt werden.
18. Die Tabletts werden in den Frühstückswagen geschoben, und zwar immer in gleicher Richtung.

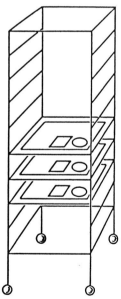

Abb. 66

19. Ist der Frühstückswagen voller Tabletts, wird er an die dafür vorgesehene Stelle gefahren.
20. Die fahrbaren Room-Service-Tischchen werden gründlich angeputzt.
21. Danach werden sie an die für sie vorgesehene Stelle gefahren. Die Seitenteile sind heruntergeklappt.
   Es liegt nun an der jeweiligen Hausordnung, ob am Abend schon ein Tischtuch aufgelegt wird oder erst am nächsten Morgen.
22. Kaffeemaschine und Milchmaschine werden gründlich gereinigt.
23. Das Room-Service-Office wird gründlich gereinigt. Alle Schränke und Tische sowie der Boden (hausbedingt).
24. Tafel abwischen.
25. Alle unterschriebenen Guest-Checks werden auf der Kellnerabrechnung erfaßt.

KELLNERABRECHNUNG VOM 19.11.19..			
		TOTAL:	
ZIMMER	BETRAG	ÜBERTRAG	90.-
224	10.-	401	12.-
229	28.-	278	25.-
301	4.-		
412	2.-		
119	28.-		
120	4.-		
125	14.-		
zus.	90.-	TOTAL	127.-

Abb. 67

26. Der Frühstücksplan, aus dem abgelesen werden kann, welcher Gast besondere Wünsche oder Dauerwünsche hat, wird angepaßt. Die Daten abgereister Gäste werden entnommen (oder in eine Gästedatei übernommen).

612	9.20	Müller -2- (5.7.)	2 Spiegeleier
326	10.00	Meier -2- (9.7.)	Kaffee komplett
624	7.40	Rüdiger -2- (5.7.)	1×Tee, 1×Kaffee 2×Ei -3'

Abb. 68

Teil 1 Das Frühstück

27. Das Bonbuch am Telefon wird mit dem Datum des folgenden Tages versehen und zugeschlagen.
28. Die Registrierkasse wird „abgeschlagen".
29. Die Kellnerabrechnung wird fertiggestellt.
30. Die Endabrechnung erfolgt an der Kasse oder am Empfang.
31. Das Office befindet sich jetzt in einwandfreiem Zustand. Das Licht wird gelöscht, und das Office wird bis zum nächsten Morgen verschlossen.
32. Die Vorbereitungsarbeiten für den nächsten Morgen sind abgeschlossen.

Teil 2
Der Bankett-Service

1. Bankett-Service-Vorbereitungen

Wird uns die Aufgabe gestellt, ein Bankett zu organisieren, müssen wir uns zunächst die folgenden Fragen stellen:
- Wie viele Personen werden erwartet?
- Zu welchem Anlaß wird das Bankett gegeben?
- Welcher Raum oder welche Räume stehen zur Verfügung?
- Welche Speisen werden gereicht?
- Welche Getränke werden gereicht?
- Welches (Gäste-) Niveau wird erwartet?
- Gibt es einen Gästesitzplan?
- Gibt es behinderte Gäste?
- Gibt es Menü-Änderungen für verschiedene Gäste?
- Müssen Diät-Wünsche berücksichtigt werden?
- Werden Reden gehalten?
- Ist ein zeitliches Limit gestellt?
  ... und dann:
- Wie wird die Tafel richtig eingedeckt?
- Wie geht man vor, um den besten Service zu gewährleisten?
- Gibt es genügend Servicematerial und -geräte?

Auf den folgenden Seiten wird beschrieben, wie eine Tafel für ein Bankett gestellt und eingedeckt wird. Es kann sich hier um ein Mittag- oder Abendessen handeln, die Arbeiten sind in der Regel gleich. Viele Zeichnungen erklären die einzelnen Vorgänge.

Wahl der Tafelform

Die Frage, wie eine Tafel gestellt werden soll, steht nun an erster Stelle. Üblicherweise wird ein „U" gewählt, aber es gibt noch zahlreiche andere Möglichkeiten für eine originelle und passende Tafelform.
Nachdem man sich für eine bestimmte Tafelform entschieden hat, sollte man einen kleinen Plan erstellen, um zu sehen, wie die Tafel im Raum stehen wird.
Beachten Sie bitte, daß eventuelle Säulen oder Trennwände bei der Planung nicht vergessen werden dürfen.
Beispiele für die Wahl der Tafelform in Hinblick auf den Raum:

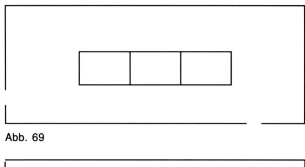

Abb. 69

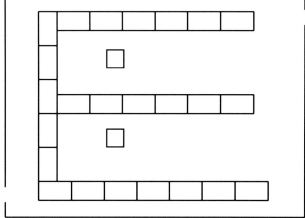

Abb. 70

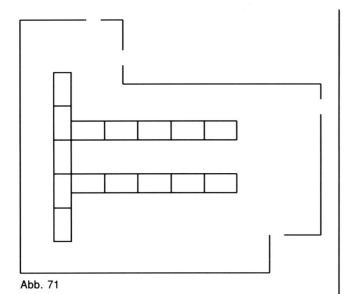

Abb. 71

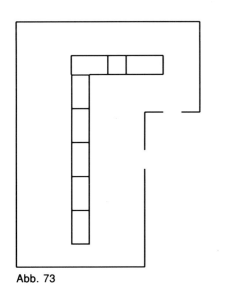

Abb. 72

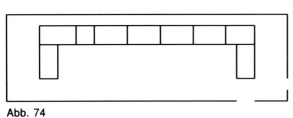

Abb. 73

Abb. 74

Achten Sie darauf, daß ein Tisch oder eine Tafel niemals zu nahe an die Wand oder an eine Säule gestellt wird. Dadurch würde der Service an diesen Stellen fast unmöglich.

Ist dieser Plan erstellt, muß die Tafel entsprechend aufgebaut und eingedeckt werden. Als Hilfe und Anleitung folgen auf den kommenden Seiten genau beschriebene Arbeitsvorgänge zum Eindecken einer rechteckigen und einer runden Tafel.

Je nach Betriebsart müssen Besonderheiten in Bezug auf das Couvert(Gedeck) und in Bezug auf die Reihenfolge beim Eindecken beachtet werden.

Das Eindecken einer rechteckigen Tafel

1. Staubsaugen
2. Tische zur gewünschten Tafelform stellen
3. Moltons auflegen
4. Tischtuch auflegen
   Das Tischtuch wird auf die rechte untere Ecke des Tisches gelegt.

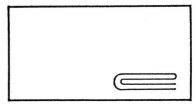

Abb. 75

Die obere Hälfte nach links wegklappen.

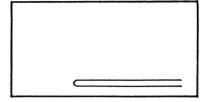

Abb. 76

Das Tischtuch nach rechts verschieben, so daß ein Teil nach unten hängt. Dann die obere Hälfte nach links wegklappen.

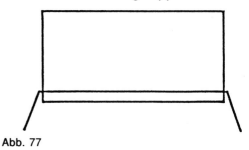

Abb. 77

Das Tuch liegt nun so da:

Abb. 78

Mit den Daumen zwischen die beiden unteren Lagen, mit den Zeigefingern zwischen die mittleren Lagen greifen. Die zweitunere Lage festhalten.
Die obere Lage wird mit den Mittelfingern festgehalten. Das Tuch hochheben und hinten über die Tischkante rutschen lassen. Dann die obere Lage loslassen und das Tuch nach vorn ziehen. Über den Tisch legen. Nicht mit den Händen glattstreichen, sondern immer mit Luftzug arbeiten.

5. Stühle anstellen
Nun stellt man an die Tafel alle Stühle an. Diese müssen jetzt noch nicht genauestens ausgerichtet sein. Es werden aber genau so viele Stühle angestellt, wie Personen erwartet werden. Ist die Gästezahl ungewiß, lieber einige Gedecke mehr aufdecken, als später schnell nachdecken müssen.

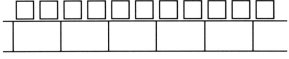

Abb. 79

Bitte achten Sie beim Stühlestellen darauf, daß möglichst kein Gast ein Tischbein zwischen den Knien hat.

6. Deckteller aufstellen oder anstelle eines Decktellers eine Serviette ungebrochen auflegen. Der Deckteller dient als Markierung, wo später das Couvert aufgedeckt wird. Bitte darauf achten, daß sich die Deckteller genau gegenüberstehen.
Von Decktellermitte zu Decktellermitte sollten ca. 80 cm Platz sein.
Der Abstand wird sich aber automatisch durch die bereits gestellten Stühle ergeben.

7. Stühle wieder abdrehen
Entweder zieht man alle Stühle um ca. 60 cm zurück, oder man dreht sie auf einem Stuhl-

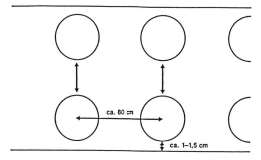

Abb. 80

bein um 90 Grad ab. Es ergibt sich genügend Platz, um ungehindert eindecken zu können. Dadurch, daß der Deckteller bereits eingedeckt ist, weiß man nun ganz genau, wo weiter eingedeckt werden muß.

8. Polierte Hauptmesser auflegen
Das Messer muß im rechten Winkel zur Tischkante liegen, mit kleinem Abstand zum Deckteller. Das Messer hat einen Abstand von etwa 1 bis 1,5 cm von der Tischkante.

9. Ausrichten der Hauptmesser
Da sich das komplette Gedeck nach dem nun aufgedeckten Hauptmesser auszurichten hat, muß speziell dieses Messer ganz genau eingedeckt und ausgerichtet werden. Es haben sich die folgenden beiden Möglichkeiten in der Praxis als gut bewiesen:
 a. Schauen, daß das erste und das letzte Messer einer Tafelseite richtig liegen. Jetzt eine Schnur über alle Messerspitzen spannen. Alle anderen Messer nach der Schnur ausrichten.
 b. Schauen, daß das erste und das letzte Messer einer Tafelseite richtig liegen. Eine Person kniet sich an ein Tischende und dirigiert von dort aus eine zweite Person, wie die Messer richtig auszurichten sind.

10. Eindecken der Hauptgabel
Achten Sie darauf, daß die Hauptgabel parallel zum Hauptmesser zu liegen kommt. Die Gabel muß jeweils exakt gegenüber dem Messer des gegenüberliegenden Couverts plaziert sein. Abstand von der Tischkante wie beim Hauptmesser, d.h. ca. 1 bis 1,5 cm (Abb. 81).

11. Gleichzeitig mit der Hauptgabel kann bereits die Gabel für die Vorspeise eingedeckt werden, sofern es sich um die gleiche Gabelgröße handelt.
Sie wird links außen neben die Hauptgabel

Teil 2 Der Bankett-Service 53

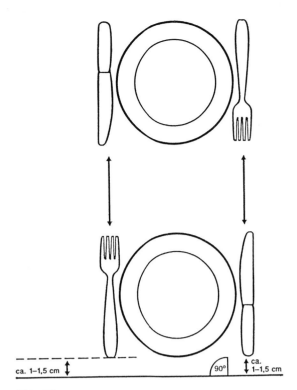

Abb. 81

Der Abstand rechts der Dessertgabel zum Hauptmesser ist gleich groß wie der Abstand links zur Hauptgabel.

REGEL: Die Griffe der Dessertbestecke zeigen grundsätzlich in die Richtung, in der das übliche Hauptbesteck eingedeckt ist.

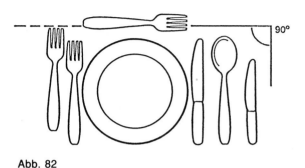

Abb. 82

gelegt, und zwar leicht nach oben verschoben. Sie liegt parallel zur Hauptgabel. Alle Besteckteile sind bestens poliert.

Alleine aus optischen Gründen wird diese Vorspeisengabel nach oben verschoben, meistens nur dann, wenn noch ein drittes Besteckteil links dieser Gabel zu liegen kommt. Bleibt es bei diesen beiden Besteckteilen links im Gedeck, genügt es, die zweite Gabel in gleiche Höhe wie die erste zu legen.

12. Eindecken des Suppenlöffels
    Der Suppenlöffel liegt rechts außen vom Hauptmesser, auch hier wieder parallel zu diesem.
13. Eindecken des Vorspeisenmessers rechts vom Suppenlöffel
    Auf bestimmte Menügänge ist natürlich zu achten, d.h. eventuell müssen Spezialbestecke eingedeckt werden.
14. Herausnahme der Serviette bzw. des Decktellers, sofern das spätere Gedeck ohne Deckteller aufgedeckt sein soll.
15. Eindecken der Dessertgabel
    Die Dessertgabel wird im rechten Winkel zum Hauptmesser eingedeckt, oberhalb des (vorigen) Decktellers.
    Der Griff der Dessertgabel zeigt nach links.

16. Eindecken des Dessertlöffels
    Oberhalb und parallel zur Dessertgabel, Griff zeigt nach rechts.

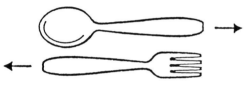

Abb. 83

17. Brotteller links der Vorspeisengabel eindecken
    Möglichkeiten:
    a. Am unteren Tischrand mit gleichem Abstand wie die Bestecke.

Abb. 84

b. Der obere Tellerrand liegt mit den Zinkenspitzen der Vorspeisengabel auf gleicher Höhe.

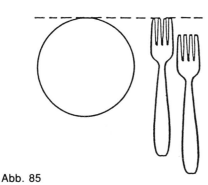

Abb. 85

c. Der Mittelpunkt des Brottellers liegt in gleicher Höhe wie die Spitzen der Zinken der Hauptgabel.

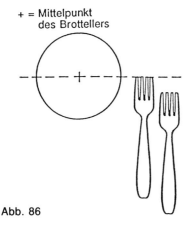

Abb. 86

18. Brotmesser eindecken
    Das Brotmesser wird am rechten Rand des Brottellers aufgelegt, mit der Messerschneide zum Tellermittelpunkt hin.
    Bei allen anderen Messern, die in einem Couvert eingedeckt werden, liegt die Messerschneide immer in Richtung zum Deckteller (Serviette).
    Auch gilt diese Regel für das Dessertmesser, z.B. bei Obst oder Käse.
    Die Ausnahme bildet nur das Brotmesser.

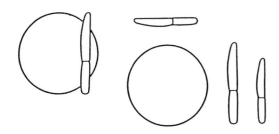

Abb. 87/88

19. Eindecken des polierten Deckglases
    Je nach Land und Art des Hauses kann dieses Glas ein Rotwein- oder ein Weißweinglas sein.
    Hier gehen wir davon aus, daß es sich um ein Weißweinglas handelt. Das Glas steht rechts oben im Couvert.
    Es steht auf dem Schnittpunkt der verlängerten Längsachse des Hauptmessers sowie der Dessertgabel.

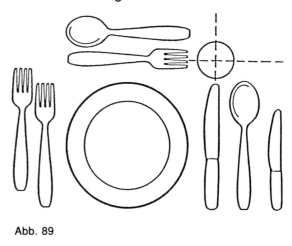

Abb. 89

20. Ausrichten des Deckglases
    Wie beim Hauptmesser gibt es auch hier wieder die beiden bekannten Möglichkeiten, mit Schnur oder mit Augenmaß.
21. Eindecken des zweiten Glases (Rotweinglas)
    Das Rotweinglas wird links oberhalb des Weißweinglases eingedeckt, im Winkel von 45 Grad von der Tischkante aus gesehen.
22. Eindecken des Sektglases
    Es wird verfahren wie beim Rotweinglas.

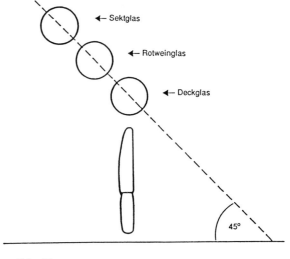

Abb. 90

Teil 2 Der Bankett-Service

Zu beachten:
Es gibt mehrere Möglichkeiten, die Gläser in einem Gedeck einzudecken. Hier einige gängige Beispiele:

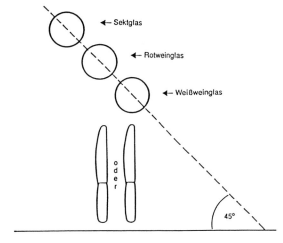

Abb. 91

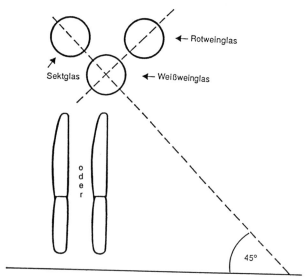

Abb. 92

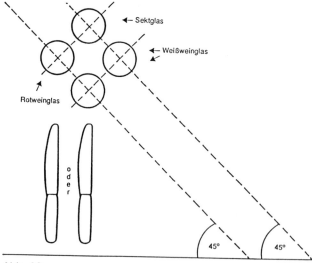

Abb. 93

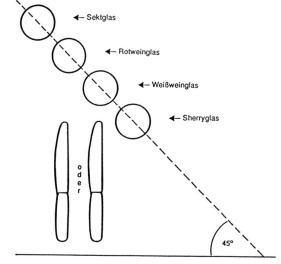

Abb. 94

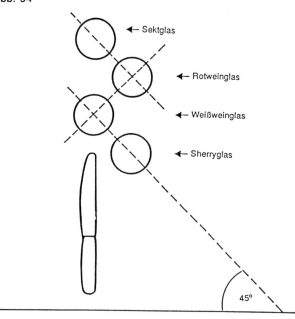

Abb. 95

23. Aufstellen des Tischschmucks

Achten Sie darauf, daß der Tischschmuck genau in der Mitte der Tafel steht. Bei längeren Tafeln und mehreren Blumengestecken sollten die Gestecke im gleichen Abstand voneinander gestellt werden.

Bei einer schmalen Tafel dürfen die Gestecke nicht zu breit sein. Sie nehmen sonst den Platz für die Gedecke weg.

Wählen Sie die Gestecke nicht zu hoch, da sie sonst die Sicht des Gastes zu seinem Gegenüber versperren und somit die Gesprächsführung behindern.

Die Gesteckform sollte man grundsätzlich ein wenig der Tischform (und natürlich dem Anlaß) anpassen.

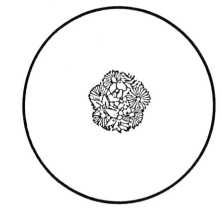

Abb. 96

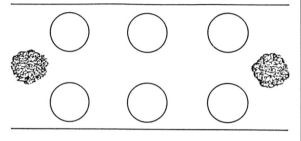

Abb. 97

Abb. 98

24. Aufstellen von Salzstreuern
Salzstreuer gleichmäßig auf der Tafel verteilen und für alle Gäste gut erreichbar eindecken.
Bitte keine anderen Menagen aufstellen. Pfeffer und weitere Gewürze werden erst auf Wunsch des Gastes gereicht oder wenn es ein Menügang verlangt.

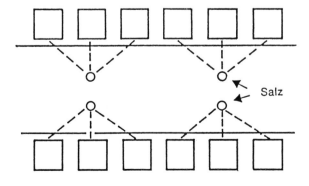

Abb. 99

Es gibt auch spezielle kleine Salz- und Pfeffermenagen, die pro Couvert aufgestellt werden können, also für jeden Gast seine eigene Menage.

25. Servietten brechen und aufstellen
Die Serviettenform kann der Tafelform ein wenig angepaßt sein. Selbstverständlich muß man auch auf die Größe und Breite des Gedecks achten (Platzmangel?). Eine Tafel darf nicht überladen wirken.
Die Servietten kann man nach folgenden zwei Möglichkeiten stellen:
a. Alle Servietten zum sitzenden Gast hin ausrichten

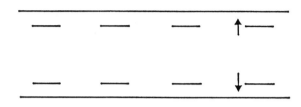

Abb. 100

b. Alle Servietten zum Eingang hin ausrichten.

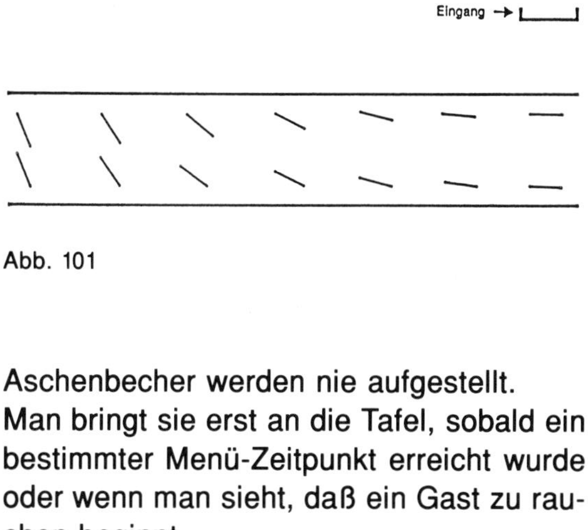

Abb. 101

26. Aschenbecher werden nie aufgestellt.
Man bringt sie erst an die Tafel, sobald ein bestimmter Menü-Zeitpunkt erreicht wurde oder wenn man sieht, daß ein Gast zu rauchen beginnt.
Aschenbecher stehen griffbereit auf dem Serviertisch.

27. Menükarten auflegen
Es gibt viele verschiedene Möglichkeiten, eine Menükarte optisch schön und auch praktisch in das Couvert einzubauen.
Hier nur einige davon:
a. Vor die Servietten, was aber manchmal schade sein kann, wenn die kunstvoll gebrochene Serviette nicht mehr zu sehen ist.

Teil 2 Der Bankett-Service

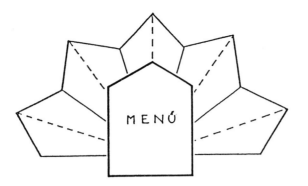

Abb. 102

b. In die liegende Serviette stecken (Serviettentasche)
c. Neben das Couvert
d. Über das Couvert bzw. dahinter

28. Werden Kerzen aufgestellt, so sollte man diese sofort nach dem Blumenschmuck eindecken. Sie werden vor dem Eintreffen der Gäste angezündet.
Hinweis: Kerzenschmuck nicht zu hoch und passend zum Blumenschmuck.

Das Eindecken einer runden Tafel

1. Staubsaugen
2. Tische zur gewünschten Form stellen (zwei Halbrunde oder vier viertelrunde Tische)

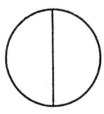 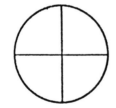

Abb. 103/104

Beim Stellen mehrerer runder Tische müssen alle Tischbeine in die gleiche Richtung zeigen.

Abb. 105

Gewöhnlich ist auf der Tischplatte durch einen (Metall-)Punkt markiert, wo sich die Tischbeine befinden. Das erleichtert das Stellen der Tische, da man sich nicht immer bücken muß. Stehen alle Tische gleich, so vereinfacht dies das Auflegen des Tischtuchs.

3. Moltons aufziehen
4. Tischtücher auflegen
Man beachtet bei diesem Arbeitsvorgang genau die Position der Tischbeine. Hier zeigt es sich nun, wie wichtig es war, die Tische vorher genau auszurichten.
Die vier Tischbeine geben die „Ecken" des Tisches an.
Mit dem Tischtuchauflegen verfahren wie beim rechteckigen Tisch (siehe Seite 52). Die Ecken des Tischtuchs kommen so automatisch über die vier Tischbeine zu hängen.

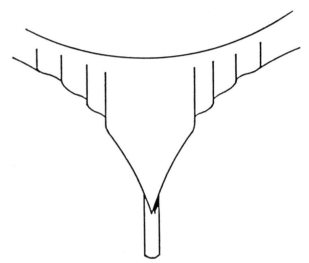

Abb. 106

Dadurch werden die Tischbeine gleichzeitig ein wenig versteckt.
(Achtung bei der Gästeplazierung: An diesen Stellen niemals Damen plazieren!)
5. Stühle anstellen und Stühle genau ausrichten
6. Deckteller oder Deckservietten eindecken
Benutzen Sie die abgebildeten Schablonen zum Eindecken einer runden Tafel bei einer ungeraden Personenzahl.

Anwendung:
Schablone kopieren.
Schablone in die Tischmitte legen.
Von dort aus legt man eine dünne Schnur über die eingezeichneten Markierungen an den Tischrand und findet so die Stelle, an der das Gedeck eingedeckt werden muß.

a. Schablone für einen runden 5er-Tisch

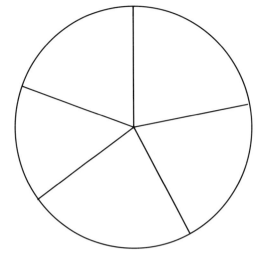

Abb. 107

b. Schablone für einen runden 7er-Tisch

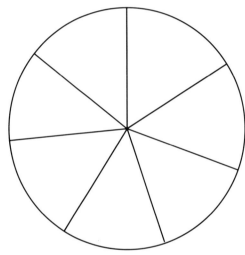

Abb. 108

c. Schablone für einen runden 9er-Tisch

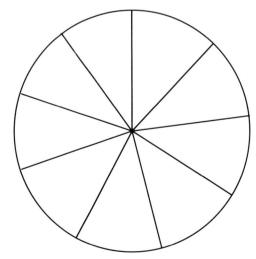

Abb. 109

d. Schablone für einen runden 11er-Tisch

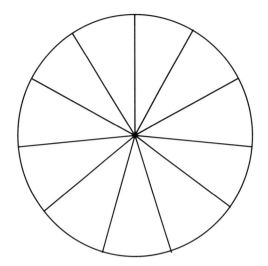

Abb. 110

e. Reihenfolge beim Eindecken der Deckteller eines runden Tisches bei gerader Personenzahl:
Bei 4 Personen

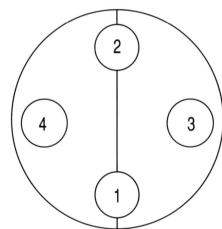

Abb. 111

Bei 6 Personen

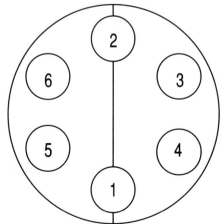

Abb. 112

Bei 8 Personen

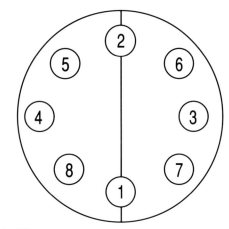

Abb. 113

f. Reihenfolge beim Eindecken der Deckteller eines runden 5er-Tisches ohne Schablone!

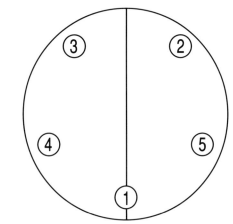

Abb. 114

g. Bei ungerader Personenzahl mit Hilfe der Schablone wird der Reihe nach eingedeckt.
7. Stühle abdrehen oder abziehen (siehe Seite 53)
8. Polierte Hauptmesser auflegen
   Das Messer darf nicht rechtwinklig zur Tischkante liegen (runder Tisch). Es muß aber parallel zur später eingedeckten Hauptgabel liegen.
   Abstand von der Tischkante je nach Umfang des Tisches 2–3 cm.
9. Eindecken der Hauptgabel
   Die Hauptgabel wird parallel zum Hauptmesser eingedeckt.
10. Eindecken der Vorspeisengabel
    Sie liegt etwas erhöht zur Hauptgabel und parallel zu dieser.

Abb. 115

11. Eindecken des Suppenlöffels
    Der Suppenlöffel wird rechts neben das Hauptmesser eingedeckt.
    Der Abstand zur Tischkante wird kleiner, als der Abstand des Hauptmessers zur Tischkante ist.
12. Eindecken des Vorspeisenmessers
    Das Vorspeisenmesser wird rechts neben dem Suppenlöffel und parallel zu diesem eingedeckt.
    Bitte achten Sie darauf, daß das jetzige Couvert unten waagrecht ausgerichtet ist und keineswegs halbrund.

Abb. 116

13. Herausnahme des Decktellers oder der Deckserviette, sofern nicht später im Couvert erwünscht.
14. Eindecken der Dessertgabel
    Die Dessertgabel wird im rechten Winkel zum Hauptmesser oberhalb des bisherigen Decktellers eingedeckt. Der Griff der Dessertgabel zeigt, wie oben beschrieben, nach links.
15. Eindecken des Dessertlöffels
    Eindecken parallel zur Dessertgabel, Griff nach rechts.
16. Falls anstelle eines Dessertlöffels ein Dessertmesser eingedeckt wird, zeigt die Messerschneide nach unten, d.h. zum Gast hin. Der Griff zeigt auch hier wieder nach rechts.

17. Brotteller links des Vorspeisenmessers eindecken
    Möglichkeiten:
    a. Am unteren Tischrand mit gleichem Abstand wie die Bestecke.
    b. Der obere Tellerrand liegt auf gleicher Höhe wie die Zinken der Vorspeisengabel.
    c. Der Mittelpunkt des Brottellers liegt in gleicher Höhe liegt, wie die Spitzen der Zinken der Hauptgabel.
18. Brotmesser eindecken
    Das Brotmesser wird auf den rechten Rand des Brottellers gelegt, mit der Schneide nach links, d.h. zum Brottellermittelpunkt hin.
19. Eindecken des polierten Deckglases
    Das Glas kommt auf den Schnittpunkt der verlängerten Längsachse des Hauptmessers sowie der Dessertgabel zu stehen.
20. Eindecken des zweiten Glases (Rotweinglas)
    Eindecken links oberhalb des Deckglases. Im Winkel von 45 Grad zur (gedachten geraden) Tischkante.

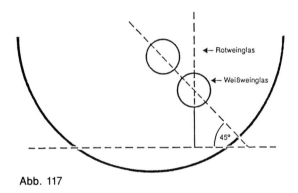

Abb. 117

21. Eindecken des Sektglases
    Verfahren wie beim Rotweinglas.
    Zu beachten ist, daß es mehrere Möglichkeiten gibt, Gläser in einem Gedeck zu arrangieren. Vergleichen Sie auch hierzu die Ausführungen vorher beim Eindecken einer rechteckigen Tafelform (siehe Seiten 56).
22. Aufstellen des Tischschmuckes
    Achten Sie darauf, daß Tischschmuck in Größe und Arrangement zur Tafel entsprechend paßt.
23. Aufstellen der Salzstreuer
    Gleichmäßig verteilen, daß jeder Gast einen Streuer leicht erreichen kann.
24. Serviette brechen und aufstellen

Die Servietten kann man nach zwei Möglichkeiten stellen:
a. Zum Gast hin ausgerichtet
b. Zum Eingang hin ausgerichtet

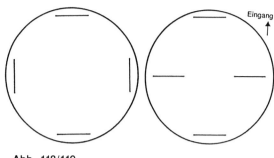

Abb. 118/119

25. Aschenbecher nicht aufstellen – erst auf Wunsch des Gastes reichen.
26. Menükarten eindecken.
    Möglichkeiten:
    a. Vor der Serviette
    b. In der Serviette
    c. Neben dem Couvert
    d. Hinter dem Couvert
27. Werden Kerzen aufgestellt (auch mittags), so sollte man sie sofort nach dem Blumenschmuck aufstellen. Beim runden Tisch eine, drei oder fünf Kerzen nehmen.

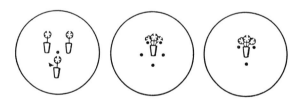

Abb. 120–122

Die fertig eingedeckte Tafel darf niemals einen überladenen Eindruck hinterlassen. Geben Sie genügend Platz für jedes Couvert und berechnen Sie den Couvertabstand – wenn möglich – nicht zu eng.
Durch die Wahl des Tischschmuckes, der Kerzen, der Blumen sowie der kunstvoll geformten Serviette kann der Gesamteindruck optisch bestens aufgebessert werden.

Erläuterungen zum Auflegen der Tischwäsche

1. Ein Tafeltuch, das erheblich länger als ein Tischtuch ist, muß von zwei Personen aufgelegt werden.
2. Beachten Sie bei allen aufgelegten Tischtüchern, daß der Mittelbruch grundsätzlich nach oben zeigt.
3. Der Bruch zur Fensterseite zu liegt ebenfalls immer nach oben.

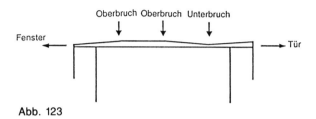

Abb. 123

4. Mit dem Auflegen der Tischtücher beginnt man immer an der vom Eingang am weitesten entfernten Stelle.

Abb. 123

Auf diese Weise kann man vom Eingang her die überliegenden Tischtuchkanten nicht erkennen. Es entsteht der Eindruck e i n e s langen Tafeltuchs.

5. Tischwäsche wird immer in 10er Blocks im Wäscheschrank gelagert. Das vereinfacht die Zählung und Kontrolle, wie auch das Herausnehmen einzelner Wäschestücke.
Der geschlossene Bruch zeigt immer nach vorn.

2. Verschiedene Service-Arten

Auf den folgenden Seiten werden folgende Bankett-Service-Arten beschrieben:
– Französischer Bankett-Service
– Wein-Service
– Feiner Bankett-Service
– Schloß-Service
– Lawinen-Service
– Stations-Service
– Buffet-Service

62 *Teil 2 Der Bankett-Service*

Es wird immer davon ausgegangen, daß alle Gäste das gleiche Menü gewählt haben.

Französischer Bankett-Service

Beim Französischen Bankett-Service werden alle Gerichte auf Platten angerichtet. Suppen werden oft direkt in großen Terrinen serviert.
Bei folgendem Beispiel wird von einem Block als Tafelform ausgegangen.
Diese Gästetafel wird in zwei oder mehrere Stationen eingeteilt. Jede Station kann ca. 6 bis maximal 15 Personen umfassen. Günstig sind 9 Personen pro Station.
In unserem Beispiel wird von einer Tafel mit 18 Gästen ausgegangen. Die Tafel wird in zwei Stationen I und II eingeteilt.

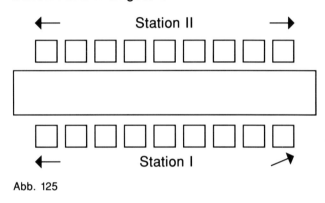

Abb. 125

Jeder Station werden drei Service-Mitarbeiter zugeteilt.

Service	Station	Gäste	Erster Gast
I A	I	1–9	1
I B	I	1–9	1
I C	I	1–9	1
II A	II	10–18	10
II B	II	10–18	10
II C	II	10–18	10

Abb. 126

Station I wird den Service-Mitarbeitern I A, I B und I C zugeteilt, Station II den Service-Mitarbeitern II A, II B und II C.
Je drei Service-Mitarbeiter A, B und C bilden ein Dreiergespann. Es ergeben sich hier demnach zwei Dreiergespanne, wobei der Mitarbeiter mit der Bezeichnung A jeweils der Stationkellner ist. Zur Kennzeichnung des jeweiligen Stationskellners wird der Buchstabe mit einem * markiert.

1. Dreiergespann   I A*, I B, I C
2. Dreiergespann   II A*, II B, II C

Beim Service des Hauptganges nimmt jedes Dreiergespann je eine Platte Fleisch (Station A), eine Platte Gemüse (Station B) und eine Platte Beilagen (Station C).

Die Service-Mitarbeiter stellen sich mit ihren Platten im Küchenoffice so auf:

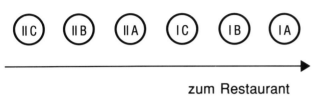

Abb. 127

In dieser Reihenfolge betreten sie das Restaurant.
Werden mehr als zwei Stationen benötigt, wird nach gleichem System weiterverfahren.
Bei vier Stationen sähe die Aufstellung der Service-Mitarbeiter folgendermaßen aus:

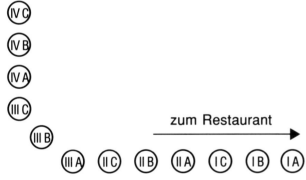

Abb. 128

In Abb. 129 sehen wir die Laufrichtung der zwei Dreiergespanne. Die Service-Mitarbeiter der Station I starten bei der Platznummer 1, die Service-Mitarbeiter der Station II bei der Platznummer 10.

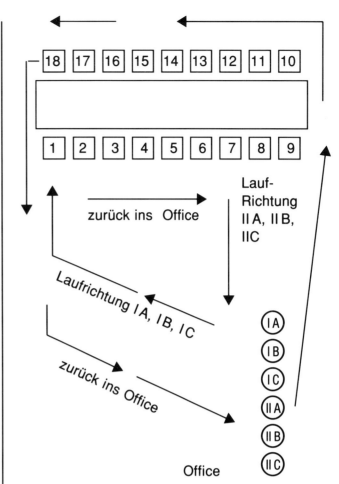

Abb. 129

Hierzu erfolgt die Erklärung nun Schritt für Schritt.
Die Dreiergespanne verlassen das Office und betreten den Bankettraum, wobei sich das Dreiergespann der Station II vom ersten Dreiergespann trennt.

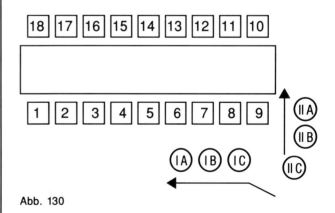

Abb. 130

Das Gespann der Station I läuft eine kleine Schleife, um bei Platz 1 beginnen zu können (Abb. 130). Das Gespann der Station II läuft um das Tafelende, um bei Platz 10 zu beginnen (Abb. 131).

Teil 2 Der Bankett-Service 63

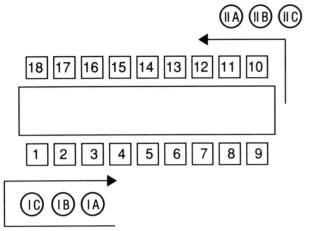

Abb. 131

Die Service-Mitarbeiter I A und II A beginnen gleichzeitig mit dem Service des Fleisches. Die Mitarbeiter I B, I C, II B und II C warten, bis ihre Stationskollegen jeweils bei Gast Nr. 3 bzw. 12 vorlegen und beginnen erst dann bei Gast 1 und 10.

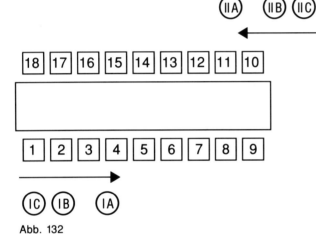

Abb. 132

Niemals sofort mit dem Gemüse oder der Beilage fortfahren, solange der Kellnerkollege noch beim zweiten Gast tätig ist. Jeweils einen Gast „Zwischenraum" lassen.

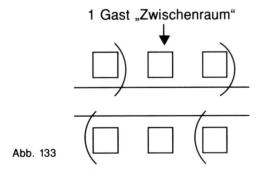

Abb. 133

Die Service-Mitarbeiter eines Dreiergespannes warten, bis der letzte Mitarbeiter seinen Service beendet hat.

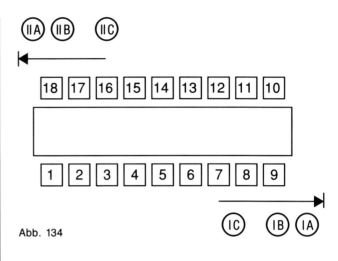

Abb. 134

Ist jeder Gast bedient worden, begeben sich die Dreiergespanne zurück zum Office.

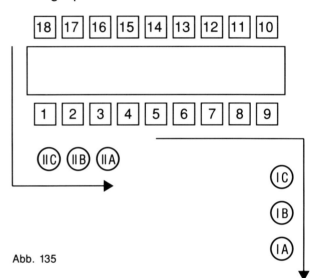

Abb. 135

Noch im Bankettraum ordnen sie sich wieder in die gleiche Reihenfolge ein, die sie beim Betreten des Bankettraumes innehatten.

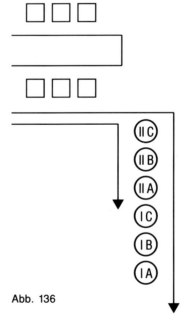

Abb. 136

Wein-Service

Beim Wein-Service wird jeweils an den diagonal gegenüberliegenden Ecken der Tafel begonnen.

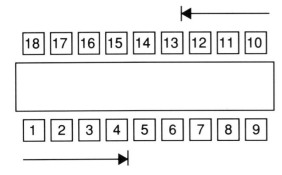

Abb. 137

Es ist möglich, in der Mitte, beim Ehrengast, mit dem Wein-Service zu beginnen. Es wird dann um die Tafelenden herum serviert.

Hinweis: Beim Bankett-Service den Wein nicht vom Gast probieren lassen. Diese Arbeit übernimmt der Weinkellner oder der Oberkellner.

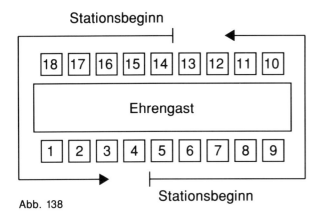

Abb. 138

Im folgenden Beispiel wurde die Tafel in vier Stationen geteilt.

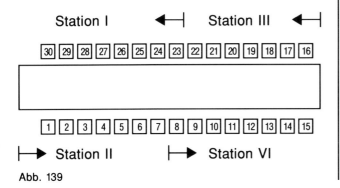

Abb. 139

Der Laufplan der vier Dreiergespanne:
I entspricht I A, I B, I C
II entspricht II A, II B, II C
III entspricht III A, III B, III C
IV entspricht IV A, IV B, IV C

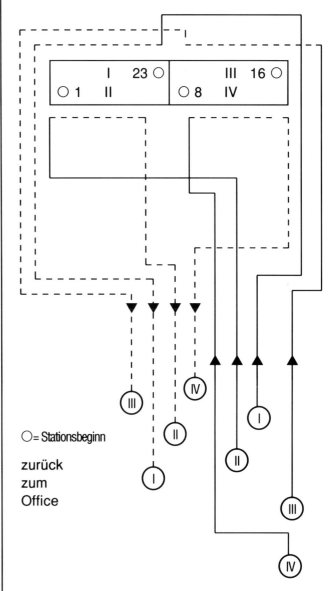

Abb. 140

Beispiel mit 8 Dreiergespannen (Abb. 141):
Man kann erkennen, daß die Station, die am weitesten vom Office entfernt ist, hier Station I, zuerst angelaufen wird. Die Station, die dem Office am nächsten liegt, wird zuletzt angelaufen (hier Station VIII).

Teil 2 Der Bankett-Service 65

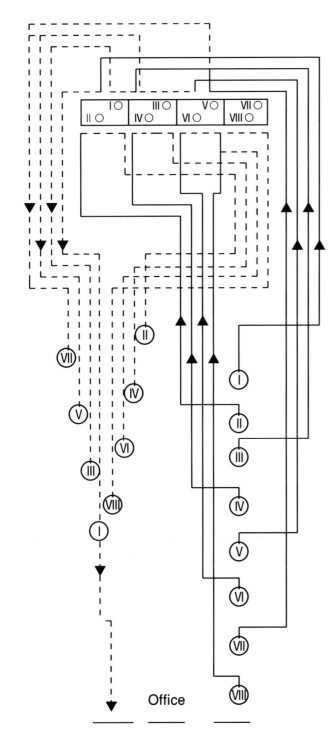

Abb. 141

Beim Rücklaufen in das Office ergibt sich folgende Lauffolge:

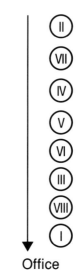

Abb. 142

Feiner Bankett-Service

Im Feinen Bankett-Service wird davon ausgegangen, daß jeder Service-Mitarbeiter in der Regel drei Gäste zu bedienen hat. Die Gäste sitzen an einer Tafel, die in unserem Beispiel ein Block ist.

Die Speisen werden direkt auf Tellern angerichtet, müssen also nicht vorgelegt werden.

Die Gastgeber, zumindest der männliche, sitzen in der Regel mit dem Rücken zur Wand- bzw. zur Fensterseite, um so den Eingang im Auge behalten zu können.

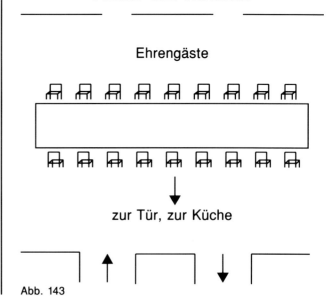

Abb. 143

In unserem Beispiel werden 24 Gäste plaziert. Das ergibt acht Stationen, jeweils drei Gäste pro Service-Mitarbeiter.

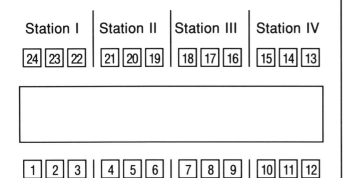

Abb. 144

Die Kellnernummer ist identisch mit der Stationsnummer. Demnach ergibt sich:

Stations-nummer	Kellner-nummer	Plätze	Service plaziert sich hinter Sitz
I	I	22 23 24	22
II	II	19 20 21	19
III	III	16 17 18	16
IV	IV	13 14 15	13
V	V	1 2 3	1
VI	VI	4 5 6	4
VII	VII	7 8 9	7
VIII	VIII	10 11 12	10

Abb. 145

Der Service-Mitarbeiter begibt sich bei Servicebeginn hinter die erste Person seiner Station.

X = Service-Mitarbeiter

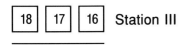

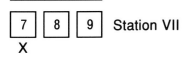

Abb. 146

Die Laufrichtung des Service-Mitarbeiters in seiner Station ist in der Regel immer nach rechts.

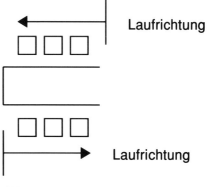

Abb. 147

Befinden sich Ehrengäste an der Tafel, sollte eine Station immer bei dem Ehrengast beginnen.

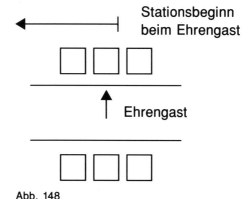

Abb. 148

Die Service-Mitarbeiter stellen sich im Office in einer Reihe auf und nehmen die Speisen entgegen. Beim Feinen Bankett-Service gehen wir davon aus, daß alle Speisen auf Tellern angerichtet sind.

Die Mitarbeiter stellen sich so auf, wie sie den Bankettraum betreten werden. In unserem Beispiel ergibt sich die folgende Reihenfolge:

Positions-nummer	Stations-nummer
1	I
2	II
3	III
4	IV
5	VIII
6	VII
7	VI
8	V

Abb. 149

Teil 2 Der Bankett-Service

Wenn möglich, wird Position I vom größten Mitarbeiter bekleidet, Position V vom kleinsten Mitarbeiter.
Wegen der Optik der Größe nach einteilen und aufstellen.
Die Service-Mitarbeiter verlassen das Office und treten in den Bankettraum. Platz Nr. 1 wird angelaufen.

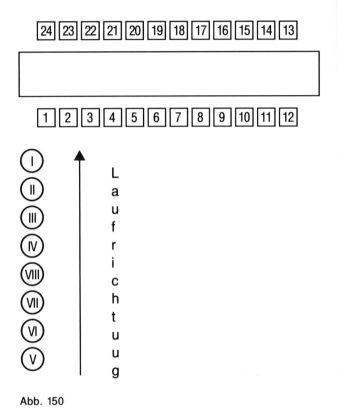

Abb. 150

Hinter Platznummer 1 laufen die Mitarbeiter die Stuhlreihe entlang (hier Plätze 1 bis 12).

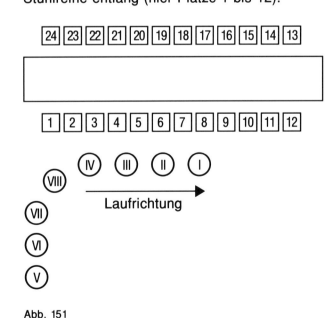

Abb. 151

Die Mitarbeiter, die ihre Station erreicht haben, bleiben hinter dem ersten Platz ihrer Station stehen; die anderen Mitarbeiter laufen weiter. Ist das Tafelende erreicht, gehen I, II, III und IV um das Tafelende herum und laufen nun auf der gegenüberliegenden Tafelseite weiter.

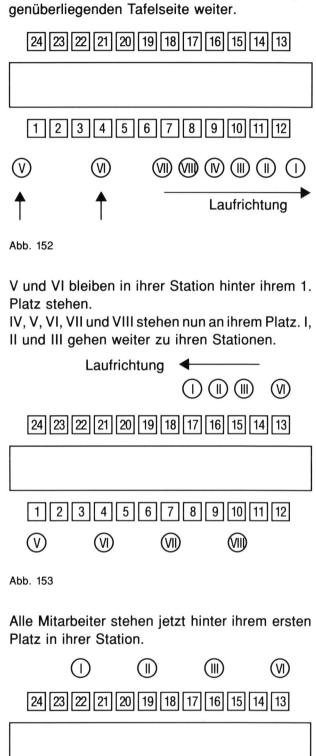

Abb. 152

V und VI bleiben in ihrer Station hinter ihrem 1. Platz stehen.
IV, V, VI, VII und VIII stehen nun an ihrem Platz. I, II und III gehen weiter zu ihren Stationen.

Abb. 153

Alle Mitarbeiter stehen jetzt hinter ihrem ersten Platz in ihrer Station.

Abb. 154

Alle Mitarbeiter befinden sich an ihren Plätzen. Sie schauen in Richtung Maître d'hôtel (Oberkellner). Dieser hat den Gesamtüberblick. Sobald der Oberkellner sieht, daß alle Mitarbeiter auf ihren Positionen stehen, gibt er ein vereinbartes Zeichen. Das Zeichen kann ein Kopfnicken sein oder ein möglichst unauffälliges Zeichen mit der Hand. Daraufhin setzen alle Service-Mitarbeiter gleichzeitig die Teller von rechts ein. Danach wird der jeweils zweite, dann der dritte Gast bedient. Anschließend stehen alle Mitarbeiter wieder hinter den Gästen, diesmal aber jeweils hinter dem dritten Gast jeder Station. Auf ein erneutes Zeichen des Oberkellners treten die Mitarbeiter ab.

Wird das Bankett nicht von einem Oberkellner geleitet, kann auch der 1. Service-Mitarbeiter (I) für den Ablauf verantwortlich sein. In diesem Fall schauen alle anderen Mitarbeiter in Richtung Stationskellner I. Wie man auf dem nächsten Bild deutlich erkennt, haben II, III und IV nur sehr schlechten Blickkontakt zu I. In jedem Fall ist deshalb der Service mit einem Matre d'hôtel oder Oberkellner vorzuziehen.

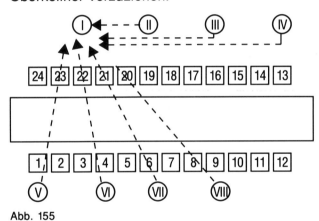

Abb. 155

Blickrichtung alle Service-Mitarbeiter zum Oberkellner:

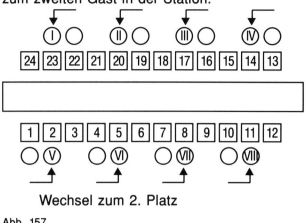

Abb. 156

Nachdem der erste Gast jeder Station seine Speise erhalten hat, wechseln alle Mitarbeiter zum zweiten Gast in der Station.

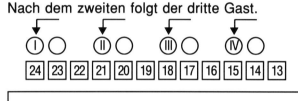

Wechsel zum 2. Platz

Abb. 157

Nach dem zweiten folgt der dritte Gast.

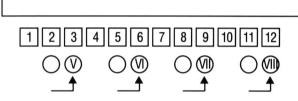

Wechsel zum 3. Platz

Abb. 158

Alle Service-Mitarbeiter stehen nun hinter ihren dritten Gästen. Auf ein Zeichen des Oberkellners treten die Mitarbeiter ab. Dabei gehen I, II, III und IV in der gleichen Richtung weiter. V, VI, VII und VIII müssen allerdings einen Richtungswechsel vornehmen. Sie gehen in die Richtung zurück, aus der sie gekommen sind.

Laufrichtung zurück zur Küche

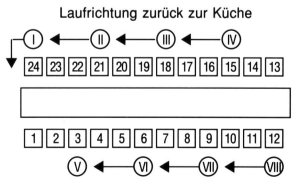

Achtung: für V, VI, VII, VIII Richtungswechsel!

Abb. 159

V, VI, VII und VIII warten, bis I, II, III und IV an ihnen vorbeigegangen sind, und schließen sich dann in der Reihe an.

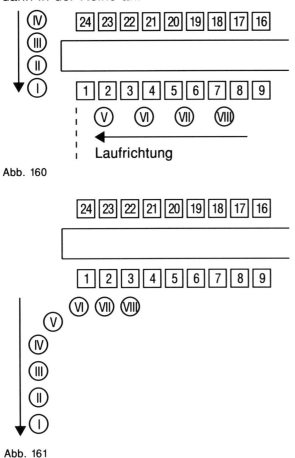

Abb. 160

Abb. 161

Die Service-Mitarbeiter gehen den gleichen Weg ins Office zurück. Nur hat sich die Reihenfolge geändert.

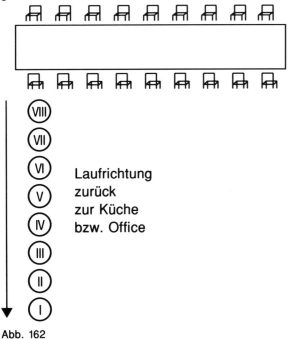

Abb. 162

Sie erreichen das Office in folgender Reihenfolge:

Positions-nummer	Kellner-nummer
1	I
2	II
3	III
4	IV
5	V
6	VI
7	VII
8	VIII

Abb. 163

Sollte die Gästezahl einer Tafel nicht durch drei teilbar sein, müssen die Stationen so aufgeteilt werden, daß in einer oder in zwei Stationen nur jeweils zwei Gäste sitzen, in allen anderen Stationen drei Gäste.

Das Kellnerbild sollte immer symmetrisch sein, sobald alle Mitarbeiter an der Tafel stehen. Hier zwei Beispiele:
Bei 16 Gästen:

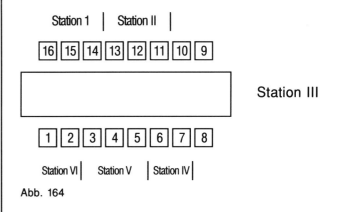

Abb. 164

Stations-nummer	Plätze	Service plaziert sich hinter Sitz
I	14 15 16	14
II	11 12 13	11
III	8 9 10	8
IV	6 7	6
V	3 4 5	3
VI	1 2	1

Abb. 165

Das Gesamtbild bleibt symmetrisch:

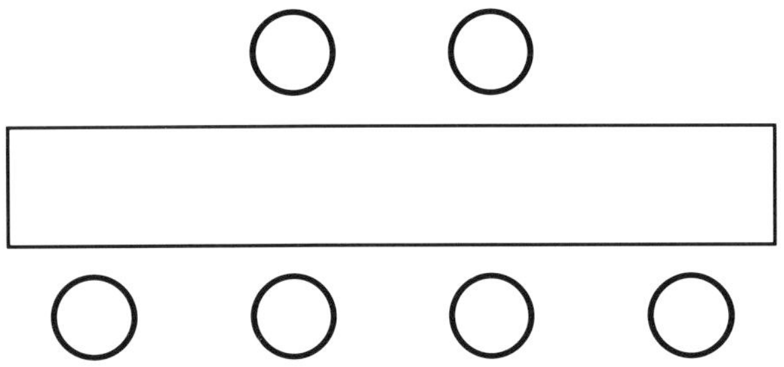

Abb. 166

Bei 14 Gästen:

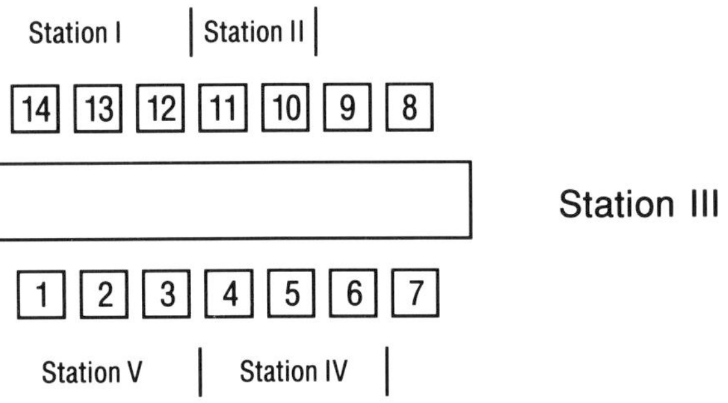

Station I | Station II

| 14 | 13 | 12 | 11 | 10 | 9 | 8 |

Station III

| 1 | 2 | 3 | 4 | 5 | 6 | 7 |

Station V | Station IV

Abb. 167

Stations-nummer	Plätze	Service plaziert sich hinter Sitz
I	12 13 14	12
II	10 11	10
III	7 8 9	7
IV	4 5 6	4
V	1 2 3	1

Abb. 168

Das Gesamtbild bleibt symmetrisch:

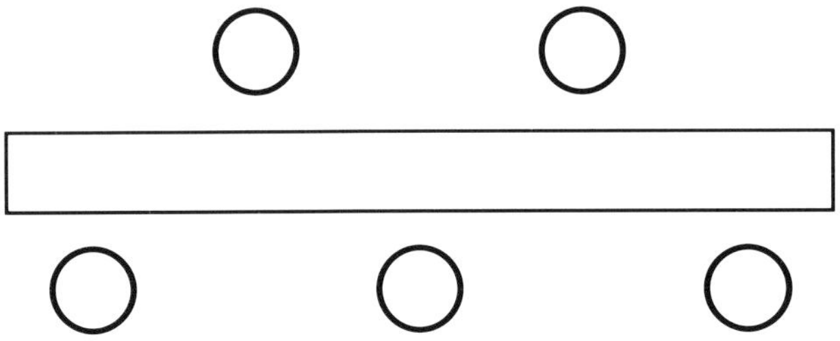

Abb. 169

Schloß-Service

Beim Schloß-Service erfolgt weitestgehend der gleiche Serviceablauf wie vorher beschrieben. Allerdings gibt es pro Station lediglich zwei Gäste. Das bedeutet, daß jeder Service-Mitarbeiter zwei Gäste zu betreuen hat. Der Service wird dadurch sehr aufmerksam und zweifellos auch einwandfrei sein. Nicht zu vergessen sind die hohen Personalkosten, die hier anfallen.

Auch hier wird wieder darauf geachtet, daß immer mit einem Gast „Zwischenraum" gearbeitet wird. Nie einen Gast von zwei Seiten gleichzeitig angehen. Der Gast könnte Platzangst bekommen und so unzufrieden mit dem Service werden.

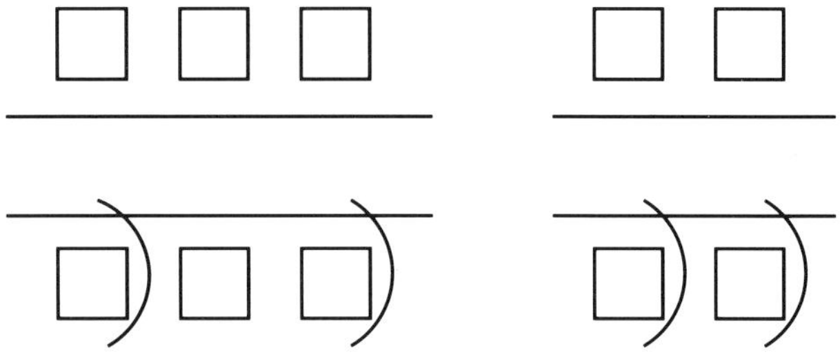

Abb. 170/171

Beispiel einer Stationsaufteilung beim Schloß-Service:

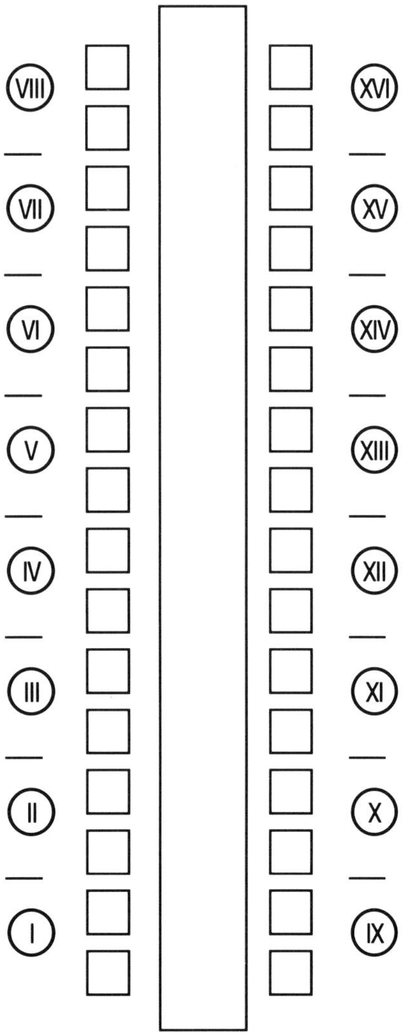

Abb. 172

Teil 2 Der Bankett-Service

Lawinen-Service

Der Lawinen-Service wird gerne dann angewendet, wenn viele Gäste (z.B. eine Gruppe oder eine sehr große Veranstaltung) das gleiche Menü erhalten sollen. Beim Lawinen-Service geht man davon aus, daß mehrere Tische, die zu einfachen Blocks oder Tafeln aufgestellt wurden, hintereinander im gleichen Raum stehen.

Im folgenden Beispiel 1 sind das acht 6er Tische, ebenso wie im Beispiel 2. Im Fall 3 sind acht 10er Tische abgebildet. Bei diesem Lawinen-Service wird ein Tisch nach dem anderen angelaufen und die daran sitzenden Gäste bedient. Es wird keine Rücksicht darauf genommen, ob oder in welcher Anordnung Damen an den Tischen sitzen. Der Oberkellner (hier O) entscheidet, bei welchem Tisch mit dem Service begonnen wird. Zweckmäßig ist es, den Tisch zu wählen, der am Anfang des Saals steht, am nächsten zum Küchen- bzw. Officeausgang. Im anderen Fall müßten die Gäste, die an diesem Tisch sitzen, mit „knurrendem" Magen sehen, wie die Teller mit Speisen an ihnen vorbei zu anderen Gästen getragen werden.

Es wird ein Tisch nach dem anderen angelaufen, und in gleicher Reihenfolge wird beim Abräumen vorgegangen.

Der Oberkellner steht für jeden Service-Mitarbeiter gut erkennbar zwischen den Tischen und gibt dem ankommendem Personal einen dezenten Hinweis, wo die nächsten Teller hinzubringen sind.

Mit diesem System hat der Oberkellner immer die Gewißheit, daß kein Gast übersehen wird. Das Service-Personal muß nicht auf jedem Tisch nachschauen, ob die Gäste bereits ihre Speisen erhalten haben. Sie richten sich ganz einfach nach dem Oberkellner, denn dort, wo dieser steht, ist der nächste, noch nicht bediente Tisch. Sie biegen jeweils v o r dem Oberkellner ab und bedienen die Gäste des angewiesenen Tisches. In den Zeichnungen wurde das durch einen kleinen Pfeil beim Oberkellner angegeben. (Die Service-Mitarbeiter wurden mit römischen Ziffern (I, II, III etc.) gekennzeichnet.)

Abb. 173

Das bedeutet, sie müssen in die Richtung gehen, in die der Pfeil zeigt. Der Lawinen-Service hat den Vorteil, mit verhältnismäßig wenig Personal viele Gäste flott bedienen zu können.

Beispiel 1

I kommt mit drei Tellern aus dem Office. Er stellt sie nach Anweisung des Oberkellners an den ersten Tisch.

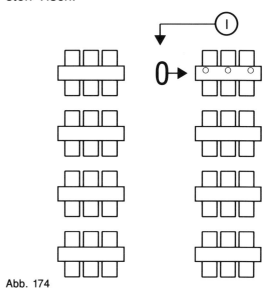

Abb. 174

Danach geht I am Oberkellner vorbei auf einem anderen Weg ins Office zurück. II ist nun schon mit den nächsten drei Tellern unterwegs. Der Oberkellner zeigt auf den gleichen Tisch, und zwar auf die gegenüberliegende Seite.

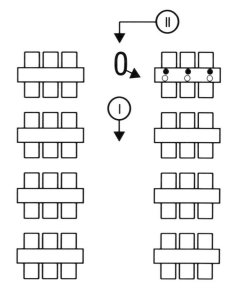

Abb. 175

Danach kehrt auch II wieder ins Office zurück. III kommt aus dem Office und wird vom Oberkellner zum zweiten Tisch dirigiert.

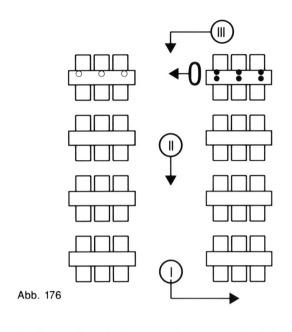

Abb. 176

In dieser Art wird fortgefahren, bis alle Gäste bedient sind.

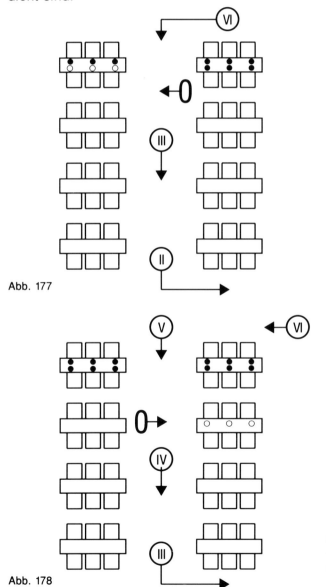

Abb. 177

Abb. 178

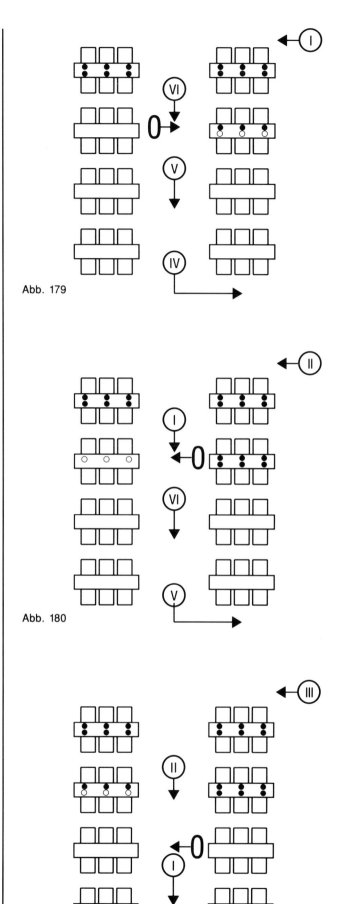

Abb. 179

Abb. 180

Abb. 181

Teil 2 Der Bankett-Service

Da die Service-Mitarbeiter einen anderen Weg zurück ins Office nehmen, bleibt dem ankommenden Personal immer der Blick zum Oberkellner frei. Es kann so auch kaum zu Karambolagen zwischen den Mitarbeitern kommen.

Beispiel 2
Im Beispiel 2 wird davon ausgegangen, daß jeder Service-Mitarbeiter gleichzeitig vier Teller trägt. Das ist zwar nicht unbedingt der „feine Service", reduziert aber die Laufwege bei großen Gruppen um immerhin 25%. Der Service verläuft wie beim ersten Beispiel. Nur wird hier der vierte Teller dem hinten sitzenden Gast (je Tisch) gereicht.

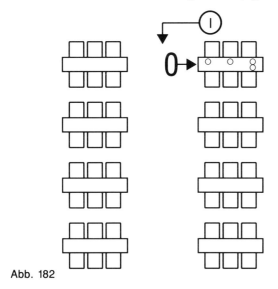
Abb. 182

Der Oberkellner behält so den besseren Überblick. Den als zweiten ankommenden Service-Mitarbeiter läßt er an den zweiten Tisch gehen und nach dem eben beschriebenen Weg die Teller einsetzen.

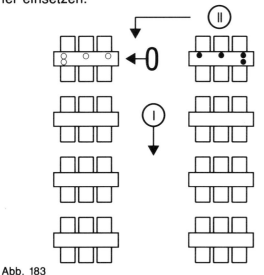
Abb. 183

74 Teil 2 Der Bankett-Service

Der dritte Service-Mitarbeiter gibt nun jeweils zwei Teller an den ersten und an den zweiten Tisch.

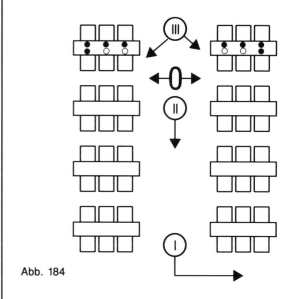
Abb. 184

Beispiel 3
In diesem Beispiel sind acht 10er Tische gezeigt. Es wird davon ausgegangen, daß jeder Service-Mitarbeiter je vier Teller gleichzeitig trägt.
Der Service-Anfang verläuft wie in den beiden vorangegangenen Beispielen. I bedient die hinteren vier Gäste des ersten Tisches. Danach geht er am Oberkellner vorbei ins Office zurück.

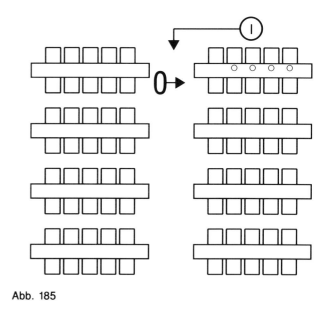
Abb. 185

II bedient die gegenübersitzenden Gäste, auch wieder mit dem hintersten Gast beginnend.

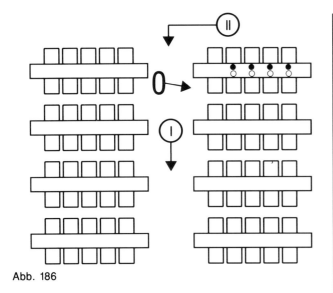

Abb. 186

III bedient nun die anderen zwei Gäste des ersten Tisches und die zwei Gäste des Nachbartisches, die dem Durchgang am nächsten sitzen.

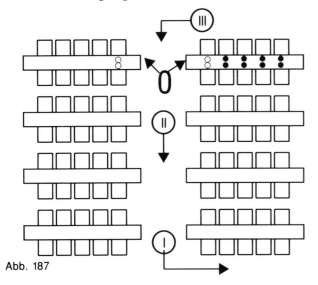

Abb. 187

IV arbeitet nach gewohntem Prinzip weiter. Zweiter Tisch – erste Gastreihe.

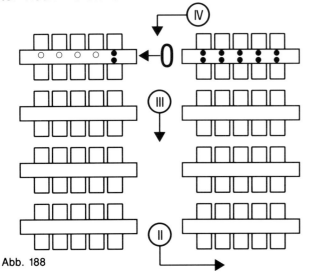

Abb. 188

I (in diesem Beispiel wird von vier Mitarbeitern ausgegangen), erscheint wieder, und kann so den zweiten Tisch zu Ende bedienen.

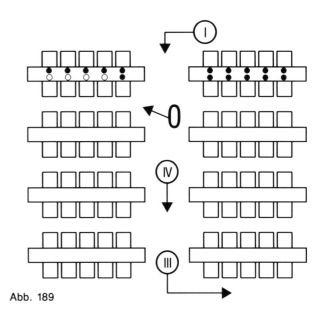

Abb. 189

Danach wird weiterverfahren wie in den Beispielen I und II.

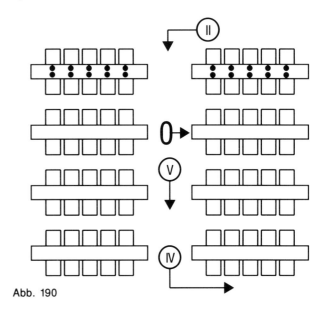

Abb. 190

Es ist zweckmäßig, die Service-Mitarbeiter trotz allem vor dem Eintreffen der Gäste wissen zu lassen, in welcher Reihenfolge bedient wird. Mißverständnisse werden somit vermieden. Bevor und nachdem die einzelnen Gänge serviert wurden, sollten die Tische in Stationen eingeteilt sein, so daß jeder Service-Mitarbeiter „seine" Gäste mit den (u.U. schon vorbestellten) Getränken versorgen kann.

Teil 2 Der Bankett-Service 75

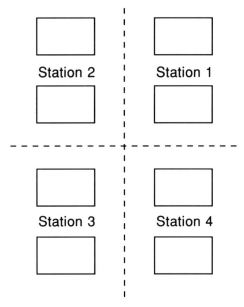

Abb. 191

Beim Lawinen-Service können also sehr große Gästezahlen mit wenig Personal relativ schnell bedient werden. Eine gute Organisation in der Küche bzw. der Essensausgabe ist hier Voraussetzung.

Auch bei verschieden groß besetzten Tischen ist der Lawinen-Service möglich. Ebenso bei großer Kellnerzahl, möglicherweise Hilfskräften, die helfen sollen, die Speisen an den Tisch zu bringen, kann auf diese Weise eine große Gästegruppe besonders schnell bedient werden.

Stations-Service

Im Rahmen des Bankett-Service wird beim Stations-Service jedem Stations-Chef (Chef de rang) eine Station fest zugeteilt. Diese Station wird nur von ihm und seinem Commis betreut. Das Zweiergespann ist für den Getränke- und den Speisenservice zuständig. Alle Gäste erhalten das gleiche Menü, das vom Stationskellner individuell in der Küche abgerufen wird.

Service	Tische
I	1 – 3
II	4 – 7
III	8 – 9
IV	10 – 14

Abb. 192

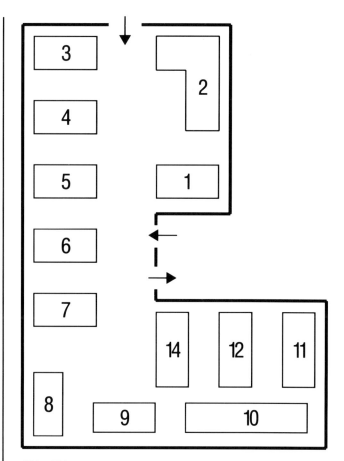

Abb. 376

Buffet-Service

Die Gäste bedienen sich am Buffet selbst. Die Tafelform spielt hierbei keine Rolle.
Die Service-Mitarbeiter haben beim Buffet-Service folgende Aufgaben:
– Begrüßung der Gäste in der Station
– Helfen bei der Plazierung
– Gäste informieren, wo sie sich bedienen können
– Getränkeservice
– Abräumen der benutzten Besteck- und Geschirrteile

Hier wird nicht auf die verschiedenen Arten von Buffets eingegangen, wohl aber sollen die Vor- und Nachteile eines Buffets aufgelistet sein.

Vor- und Nachteile

Das Buffet hat u.a. den Sinn, dem Gast eine große Auswahl an Speisen und Getränken zu bieten. Der Gast sucht sich, nach eigener Wahl, seine gewünschten Speisen und Getränke aus dem Angebot aus. Er bedient sich selbst, oder es wird ihm von einem Koch oder einem Service-Mitarbeiter vorgelegt.

Einige Vorteile eines Buffets:
- Der Gast hat eine größere Auswahl, als er sie à la carte hätte.
- Der Gast kann sich selbst aussuchen, was er gerne zu sich nehmen möchte.
- Der Koch kann bestimmte Dinge zubereiten, die ihm im à la carte Geschäft nur auf Vorbestellung möglich wären.
- Der Koch kann sich künstlerisch voll betätigen.
- Für den Service benötigt man verhältnismäßig wenig Personal.
- Originelle Buffetaufbauten sind möglich.
- Das Buffet selbst bietet eine gute Werbemöglichkeit für den Hotel- bzw. Restaurantbetrieb.
- Buffets sind auch im Traiteur-Service (Außer-Haus-Lieferung) problemlos möglich.
- Viele Gäste können gleichzeitig zufrieden gestellt werden.
- Ein Buffet stellt einen beliebten Anziehungspunkt für Gäste dar.

Einige Nachteile eines Buffets:
- Die Vorbereitungszeiten für ein originelles Buffet sind sehr groß.
- Bei schlechter Kalkulation ergibt sich ein hoher Wareneinsatz.
- Das Buffet verlangt viel Tischwäsche.
- Es wird ein großer Raumbedarf benötigt.
- Es entsteht viel Unruhe im Raum durch das Umherlaufen der Gäste (dies kann aber auch als positiver Punkt eingeordnet werden, je nach dem, aus welchem Anlaß ein Buffet angeboten wird).

3. Pläne zum Bankett-Service

Bei Banketten oder größeren Gesellschaften muß genau geplant werden, welche Angestellten welche Arbeiten auszuführen haben.
Um diese Planung zu erleichtern, haben sich einige Pläne als sehr hilfreich erwiesen. Sie werden auf den folgenden Seiten gezeigt.
Die Pläne sollen leicht verständlich und übersichtlich sein, damit auch Aushilfskräfte oder aushelfendes Personal aus anderen Abteilungen sich ohne größere Schwierigkeiten orientieren können.

Arbeitsplan für einen besonderen Anlaß

In diesem Plan wird genauestens aufgeführt, welche Person welche Arbeiten auszuführen hat, b e v o r die Gäste eintreffen.
Sind viele Personen eingeteilt, erleichtert man sich die Arbeit dadurch, daß man dem Arbeitsplan eine Kellner-Namensliste beilegt. Auf dieser Liste werden alle eingeteilten Personen (meist alphabetisch) aufgeführt, und jeder Person wird eine Zahl zugeordnet.
Das hat den Vorteil, daß beim Ausfall einer Person lediglich auf der Namensliste der Name vor der Zahl geändert werden muß. Es entstehen keine Korrektur-Arbeiten im Arbeitsplan. Ein Beispiel eines Arbeitsplanes für einen besonderen Anlaß zeigt Abbildung 194.
Die dort erscheinenden Zahlen von 1 bis 60 entsprechen den Kellnernummern (vgl. Namensliste).

Arbeitsplan für das Festessen zu Ehren von Herrn Friskus und Frau Gemahlin am 8. 12. 1995 im Kurfürstlichen Saal – Hotel Schloß	
1. Stellen der Tafeln	1–10
2. Stellen der Stühle	11–20
3. Abwischen der Tafeln	21–25
4. Abwischen oder Abstauben der Stühle	26–34
5. Polieren der Deckteller	35–40
6. Polieren der Hauptmesser	41–45
7. Polieren der Hauptgabeln	46–50
8. Polieren der Suppenlöffel	51–55
9. Polieren der Vorspeisenmesser	56–60
10. Polieren der Vorspeisengabeln	1– 5
11. Polieren der Brotmesser	6–10
12. Polieren der Dessertgabeln	11–15
13. Polieren der Dessertlöffel	16–20
14. Polieren der Brotteller	21–25
15. Polieren der Kerzenhalter	26–28
16. Polieren und Auffüllen der Salzmenagen	29–31
17. Polieren der Weißweingläser	32–40
18. Polieren der Rotweingläser	41–49
19. Polieren der Sektgläser	50–60
20. Aufziehen der Moltons auf die Tische	1– 9
21. Auflegen der Tischwäsche	10–19
22. Brechen der Servietten	20–29
23. Eindecken der Deckteller	30–33
24. Eindecken der Hauptmesser	34–37
25. Eindecken der Hauptgabeln	38–41
26. Eindecken der Vorspeisengabeln	42–45
27. Eindecken der Suppenlöffel	46–49
28. Eindecken der Vorspeisenmesser	50–53
29. Eindecken der Brotteller	54–57
30. Eindecken der Brotmesser	58– 1

31.	Eindecken der Dessertgabeln	2– 5
32.	Eindecken der Dessertlöffel	6– 9
33.	Eindecken der Weißweingläser	10–14
34.	Eindecken der Rotweingläser	15–19
35.	Eindecken der Sektgläser	20–24
36.	Aufstellen des Blumenschmucks	25–28
37.	Aufstellen der Kerzen	29–35
38.	Aufstellen der Salzmenagen	36–40
39.	Auflegen der Menükarten	41–45
40.	Aufstellen der Servietten	46–56
41.	Kontrolle der eingedeckten Tische	57–60
42.	Anstellen und Ausrichten der Stühle	1–60
43.	Studium der Menükarte	1–60
44.	Studium des Tafelorientierungsplan	1–60
45.	Überprüfung der Ausrüstung und Kleidung	1–60

Abb. 194

Beispiel einer Kellnernamensliste, getrennt für Damen und Herren:

1	August	27	Angelika
2	Gerd	28	Berta
3	Heinrich-Karl	29	Susanne
4	Dirk	30	Tea
5	Christian	31	...
6	...	...	...
...	...	...	...

Abb. 195

Beispiel einer Kellnernamensliste, getrennt für Damen und Herren, geordnet nach Nachnamen:

1	Herr Abraham	27	Frau Allia
2	Herr Bonnekoh	28	Frau Bismarck
3	Herr Clausen	29	Frl. Deimel
4	Herr Markus	30	Frau Dückers
5	Herr Milinski	31	...
6	...	...	...
...	...	...	...

Abb. 196

Beispiel einer Kellnernamensliste für einen besonderen Anlaß:

1	Anton	11	Horst
2	Berta	12	Jürgen
3	Christian	13	Ludwig
4	Dorothea	14	Manfred I
5	Emil	15	Manfred II
6	Eugen	16	Norbert
7	Friedrich	17	...
8	Gustav	...	...
9	Hans	...	...
10	Heinrich	...	...

Abb. 197

Beispiel einer Kellnernamensliste für einen besonderen Anlaß:

1	Herr Adam
2	Herr Klaus
3	Frau Lehmann
4	Frl. Ludwig
5	Frau Maier
6	Herr Meyer
7	Herr Odberg
8	...
...	...
...	...

Abb. 198

Organisationsplan

Der Organisationsplan ist besonders wichtig für den Serviceleiter oder Oberkellner. Aus diesem Plan gehen alle wichtigen Angaben, die den Ablauf des Vorgangs betreffen, hervor. Der Tafelorientierungsplan kann Bestandteil des Organisationsplans sein.

Beispiel eines Organisationsplans:

Organisationsplan

für _____

im Hotel Panorama am _____

Zeitpunkt der Veranstaltung:

Personenzahl:

Veranstalter:

Einsatzleitung:

Kassenabrechnung:

Dienstbeginn:

Dienstkleidung:

Bezahlung:

Stationseinteilung:

Essenszeiten für das Personal:

Einsatzbesprechung:

Dienstplan:

Tafelform:

Speisenfolge:

Getränkefolge:

Tafelorientierungsplan:

Sonstiges:

Abb. 199

Tafelorientierungsplan

Ein Tafelorientierungsplan zeigt die Tafelform für einen bestimmten Anlaß. Gleichzeitig sind dort alle Sitzplätze markiert, mit oder ohne Zahlen. Die Tafel wird in Stationen eingeteilt. Jeder Station werden mehrere Service-Mitarbeiter zugeteilt, die für die Gäste ihres Tafelabschnittes – also ihrer Station – zuständig sind.
Erklärungen zu dem folgend abgebildeten Tafelorientierungsplan:
Es wurde eine Tafel gestellt für 74 Gäste. Den Ehrengästen wurden die Zahlen 1 und 74 zugeordnet. Handelt es sich bei den Ehrengästen um ein (Hochzeits-)Paar, so sitzt die Dame rechts neben dem Herrn. Sie erhält in diesem Beispiel die Nummer 74.
Die Servicestation I beginnt mit dem (Ehren-)Gast Nr. 74, führt dann weiter zum (Ehren-)Gast Nr. 1, dann zu den Gästen 2, 3, 4 usw.
Die Ehrengäste sind nicht gleichzeitig zu bedienen, da man immer einen Gast „Abstand" lassen sollte, damit sich die Gäste nicht beengt fühlen.
Es ist sinnvoll, alle Stationen gleich groß einzuteilen. Das erleichtert alleine schon das Anrichten der einzelnen Platten in der Küche.
Zu jedem Arbeitsgang an der Tafel stellen sich die Kellnergespanne hintereinander in der Küche bzw. im Office auf. Auf ein Zeichen des Oberkellners betreten alle den Saal, um ihre Station anzulaufen. Dort angekommen, stellen sie sich hinter ihrem Anfangsgast auf, hier jeweils Nr. 74, 6, 15, 23 usw. Nach einem weiteren Zeichen des Oberkellners beginnt der Service.

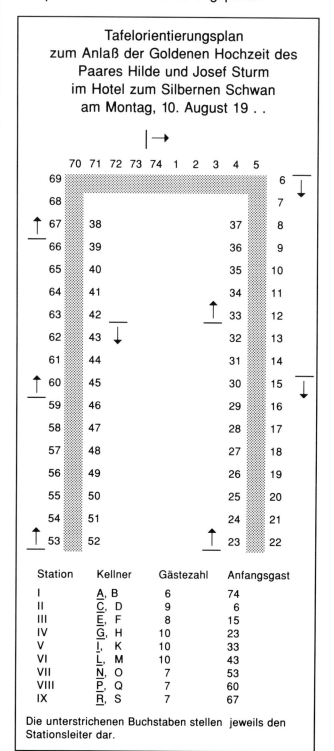

Abb. 200

Zeitplan

In einem Zeitplan, der für alle Service-Angestellten gedacht ist, wird möglichst genau festgehalten, welcher Mitarbeiter zu welchem Zeitpunkt an welchem Ort zur Arbeit eingeteilt ist.

Der Zeitplan beschränkt sich in der Regel auf einen bestimmten Vorgang, der sich über mehrere Stunden oder gar Tage hinzieht.

```
     Zeitplan zur Tagung der Firma Glücksberg

                am Dienstag, _____


Zeit     Ort         Vorgang                        Name
9.00     Saal        Tische stellen und             Herr F.
                     eindecken                      Herr L.
                                                    Frau H.
                                                    Frl. K.

10.00    Clubraum    Apéritiv-Tisch stellen         Herr N.
10.15    Clubraum    Apéritiv-Tisch vorbereiten     Frl. M.
                                                    Frl. L
10.30    Garderobe   Eintreffen der Gäste           Frau W.
10.30    Saal        Weine bereitstellen            Herr D.
10.45    Saal        Kerzen anzünden                Frau H.
                                                    Frl. K.
10.55    Saal        Saaltür öffnen                 Herr N.
11.00    Saal        Gäste betreten den Saal
11.00    Saal        Service-Beginn Getränke        Frau H.
                                                    Frl. K.
                                                    Herr L.
                                                    Herr F.
11.05    Clubraum    Abbau der Apéritiv-Getränke    Frl. L.
                                                    Frl. M.
11.20    Saal        Beginn Service                 Frau H.
                                                    Frl. K.
                                                    Herr L.
                                                    Herr F.
11.30    Clubraum    Umbau des Apéritiv-Buffets     Herr N.
                     zum Kuchenbuffet
11.45    Office      Mise-en-place vorbereiten      Frl. L.
                     für Kaffeetafel                Frl. M.
13.00    Office      Aufbau Mise-en-place           Frl. L.
                     Kaffeetafel                    Frl. M.
13.30    Saal        Ende des Mittagessens,         Herr L.
                     Café-Service                   Frl. K.
13.30    Tagungsr.   Stellen der Tagungsgetränke    Herr F.
                                                    Frau H.

_____    _____       _____                   _____
_____    _____       _____                   _____
_____
```

Abb. 201

Gästesitzplan

Dieser Plan ist vorwiegend für die Gäste erstellt. Er wird am Eingang des Festsaals aufgestellt, in dem die Veranstaltung stattfinden wird.
Wird vor dem Essen ein Apéritiv in einem separaten Raum gereicht, kann der Gästesitzplan dort an leicht zugänglicher Stelle ausgelegt oder aufgestellt werden. Auf dem Plan können die Gäste vor Betreten des Saals erkennen, wo ihre Plätze sein werden. Auf diese Art wird späteres Umherlaufen im Festsaal weitestgehend vermieden. Deutlich erkennbare Tischnummern lassen beim Eintreten in den Saal den richtigen Tisch erkennen. Ein Tischkärtchen mit dem Namen des Gastes erleichtert das Finden des gesuchten Platzes.

Hier abgebildet sind drei Tafeln, von oben betrachtet. Am Anfang (möglicherweise auch am Ende) der Tafeln befinden sich die Tischnummern-Aufsteller.

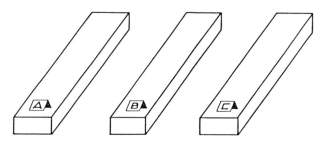

Abb. 202

Aus dem Gästesitzplan muß eindeutig hervor gehen, aus welcher Richtung der Gast den Raum betritt.

Beispiel eines Gästesitzplanes für eine Tafel bei nicht zu vielen Gästen:

	Frau Abel	Herr Abel	Frau Sturm	Herr Sturm	Frau Knebel	Herr Knebel	
Herr Grün		Frau Hinz		Herr Kuntz			Frau Blau
Frau Grün		Herr Hinz		Frau Kuntz			Herr Blau
Herr Bier		Frau Kogl		Herr Schick			Frau Glocke
Frau Nett		Herr Kogl		Frau Schick			Herr Froh
Herr Hauch		Frau Braun		Herr Lamm			Frau van Ruh
Frau Hauch		Herr Braun		Frau Lamm			Herr van Ruh
Herr Dr. Nu		Frau Stier		Herr Chris			Frau Vogt
Frau Nu		Herr Stier		Frau Chris			Herr Polli

Eingang →

Abb. 203

Beispiel eines Gästesitzplanes bei großer Gesellschaft:

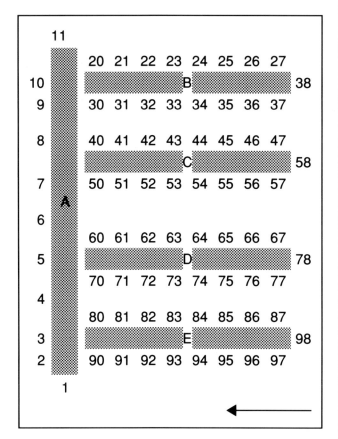

Abb. 204

Die Gästenamensliste wird separat aufgeführt. Beispiel einer Gästenamensliste:

Gästenamensliste:		
Name	Tafel	Platz
Frau Augustus	A	8
Herr Augustus	A	9
Frau Blecher	D	78
Frau Christens	D	71
Herr Christens	D	70
Frl. Hertel	B	22
Frau Steffens	C	44
Herr Steffens	C	45
Frau Schmidt	E	83
_____	____	____
_____	____	____
_____		

Abb. 205

Teil 2 Der Bankett-Service

Teil 3
Die korrekte Sitzplatz- und Rangordnung

Wer hatte nicht schon einmal das Problem, seine Gäste so zu setzen, daß sich alle Gäste „rangmäßig" plaziert fühlten?
Wohl jeder, der – egal ob aus privatem oder geschäftlichem Anlaß – eine Einladung ausspricht, wurde mit diesem Thema sicherlich bereits konfrontiert.
Auf den folgenden Seiten erfährt der Leser in über 100 verschiedenen Beispielen, wie seine Gäste korrekt zu plazieren sind. Es wird von einer Gästezahl von maximal 58 Personen ausgegangen. Sollten mehr Gäste geladen sein, so kann anhand des hinsichtlich der Gästezahl umfangreichsten Beispiels weiterplaziert werden.
Es können nie alle Fälle aufgezeigt werden, da die Praxis immer wieder völlig unerwartete Kombinationen bringt. Aber mit Hilfe dieser Unterlagen lassen sich solche Fälle problemlos bewältigen.

In allen Fällen gehen wir von rechteckigen Tischen aus:

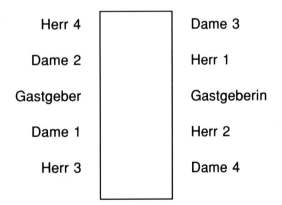

Abb. 206

Sollten runde Tischformen benutzt werden, denkt man sich die oben abgebildete Tafelform ebenfalls rund. Die Gäste, die an den Ecken (der rechteckigen Tafel) sitzen, sind somit Tischpartner geworden:

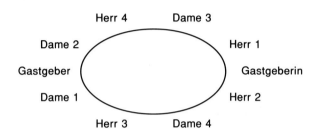

Abb. 207

Damit lassen sich alle aufgeführten Beispiele auch auf runde oder ovale Tische übertragen. Runde Tische werden in der Praxis sowieso nur bei geringer Gästezahl verwendet werden können.

1. Allgemeines

Es fällt nicht leicht, immer eine optimale Lösung zur Sitzordnung zu finden. In jedem Fall gibt es mehr oder weniger „wichtige" Plätze an jeder Tafel. Grundsätzlich kann man davon ausgehen, daß diejenigen Sitzplätze, die dem Gastgeber am nächsten sind, die „wichtigsten" sind. Ehrengäste werden demnach unmittelbar neben dem Gastgeber plaziert. Je weiter die Entfernung zu den Gastgebern, desto „unwichtiger" werden die Plätze bewertet. Gäste, die sich dieser Regel bewußt sind, werden sich auch ihres Stellenwertes bewußt sein.
Schon hier kann man erkennen, daß sehr viel diplomatisches Geschick dazu gehört, seine Gäste dem Rang entsprechend zu plazieren.

In der Regel gilt:
- Paare sitzen diagonal gegenüber
- Ehrengäste sitzen an der Tafelmitte oder am Kopfende der Tafel, z.B. bei sehr großen Tafeln (Hochzeit)
- Daneben finden sich die dem Rang nach Höchsten
- Daraus folgt, daß an den Enden der Tafel die Rangniedersten sitzen

Als geschickter Gastgeber achtet man darauf, daß einander unympathische Gäste sich nicht als Tischnachbarn wiederfinden.
Demnach sollen die Gäste so plaziert werden, daß sie sich am besten verstehen. Man wird vermeiden, folgende Gäste nebeneinander zu setzen:
- Gäste, die sich bekannterweise nicht mögen
- Gäste, die allzu verschiedene Interessen haben
- Gäste mit extrem verschiedenem Bildungsniveau
- Gäste, die sich sprachlich nicht verständigen können, z.B. wegen einer Fremdsprache
- Gäste mit großem Altersunterschied (sofern nicht gerade hier ein Zusammensetzen der Gäste gewünscht wird).

Was ist zu beachten?
- Soweit möglich „gemischte Reihe" setzen, das heißt abwechselnd Dame und Herr.
- Ehrengästen Ehrenplätze zuweisen.
- Rücksicht auf Körperbehinderte oder gebrechliche Personen nehmen, das heißt, sie nicht zu weit von Eingang plazieren oder (Rollstuhlfahrer) nicht direkt mit dem Rücken zum Eingang.
- Das Gastgeberpaar so setzen, daß sie einerseits den kompletten Raum gut übersehen, andererseits schnell den Raum verlassen können.
- Kleine Kinder so setzen, daß sie ohne große Störung aufstehen können.

Einige Grundregeln

Einige Grundregeln lassen sich schon ableiten, speziell für private Anlässe, ob zu Hause oder im Restaurant:
1. Der Gastgeber sitzt so, daß er den ganzen Raum übersehen kann, möglichst mit Blick zur Eingangstür:

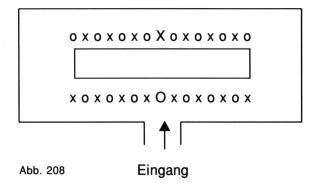

Abb. 208 Eingang

Anmerkung:
In allen Bildern gelten
    X = Gastgeber
    O = Gastgeberin
    x = Herr
    o = Dame

2. Die Gastgeberin sitzt in der Nähe der Eingangstür. Möglich ist oben aufgeführtes Beispiel. Sofern die Kopfenden der Tafel besetzt sind, müssen Gastgeber und Gastgeberin folgendermaßen sitzen:

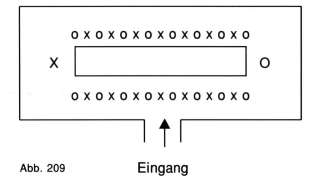

Abb. 209 Eingang

Der Gastgeber sieht in Richtung Eingangstür, die Gastgeberin ist in der Nähe der Tür.
In beiden Fällen sitzen immer Damen und Herrn abwechselnd o x o x o ...
Im ersten Fall sitzen sich außerdem Damen und Herrn gegenüber, im zweiten Fall nicht. Das liegt daran, daß hier die Kopfenden der Tafel ebenfalls besetzt wurden, im ersten Fall nicht.
Die 3. Regel hat demnach Vorrang:
3. Damen und Herren werden abwechselnd plaziert, auch um Tischecken herum:

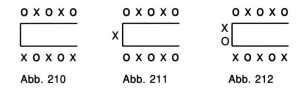

Abb. 210 Abb. 211 Abb. 212

Teil 3 Die korrekte Sitzplatz- und Rangordnung

Sollten sich in einer gemischten Gesellschaft nicht gleichmäßig Damen oder Herren finden, versucht man, an einem „unwichtigeren", einem „stilleren" Platz von der 3. Regel abzuweichen:

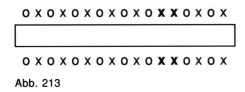

Abb. 213

4. Gäste paarweise oder einzeln diagonal setzen.

Zuerst muß man sich entscheiden, ob man seine Gäste paarweise sitzen läßt oder ob man sie an der Tafel trennt.
Bei älteren Gästen oder bei sehr großen Veranstaltungen wird man die Gäste meistens paarweise sitzen lassen. Bei mittleren bis kleineren Veranstaltungen und im lustigen Kreis kann man leicht die zweite Möglichkeit wählen.
Sitzen die Paare getrennt voneinander, möchte man meistens die Gesellschaft mehr „mischen" als das im ersten Fall möglich wäre.
Sitzen Paare nebeneinander, sitzt der Herr immer links neben der Dame:

```
        o x
        ───
        x o
```

Abb. 214

Das bedeutet, daß die Dame, die rechts von ihm sitzt, seine Tisch**partnerin** ist, die Dame, die links von ihm sitzt, seine Tisch**nachbarin**.

```
         o          x          o
Tischnachbarin    Herr    Tischpartnerin
```

Bild 215

Die Tischpartnerin kann die eigene Partnerin sein oder eine für diesen Anlaß zugewiesene. Die eigene Partnerin kommt bei einer größeren Tafel niemals links vom Herrn zu sitzen.

Die Rangfolge

Der „Ranghöhe" nach werden in den weiteren Beispielen die Gäste beziffert:
1
x   Herr 1, steht rangmäßig über
2
x   Herr 2, rangmäßig wieder über
5
x   Herr 5

Die höchste Nummer erhält der Rangniedrigste (nur für diese Tafel!) zugewiesen.
Dame und Herr (die ja nicht [Ehe-]Partner sein müssen), mit gleicher Nummer stehen auf gleichhohem Rang.

Beispiel mit paarweiser Besetzung:

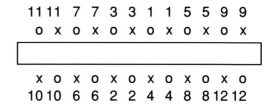

Abb. 216

Es ist deutlich zu erkennen, wie die Paare von der Mitte ausgehend diagonal gegenüber gesetzt werden.
Im nächsten Beispiel sitzen die Paare nicht nebeneinander.
Die Ordnung kann folgende sein:

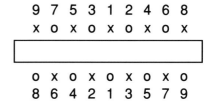

Abb. 217

Nur Paar 1 sitzt sich direkt, alle anderen diagonal gegenüber.
In beiden oben aufgeführten Fällen wird von der Mitte der Tafel ausgegangen. Das heißt, daß die Plätze, die den Kopfenden am nächsten sind, am rangniedrigsten eingestuft werden.
Durch das Plazieren der Gastgeber an den Kopfenden gibt es diese extremen rangniederen Plätze nicht mehr. Die Plätze neben den Gastgebern

gelten als Ehrenplätze und sind dementsprechend hoch angesehen. Das bedeutet weiter, daß die Plätze zur Tafelmitte hin rangmäßg etwas abnehmen:

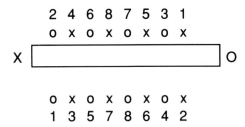

Abb. 218

Extrem niedrige Rangplätze gibt es bei der (so beliebten) Hufeisen- oder U-Form:

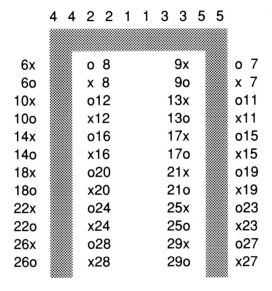

Abb. 219

Bei dieser Tafelform ist das Diagonalsetzen weitestgehend aufgehoben. Es wird vom Paar 1 aus abwechselnd nach „unten" gesetzt.

Plazierung am runden Tisch
Auch an runden Tischen behält man die 3 oben erwähnten Regeln bei:

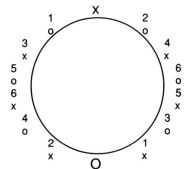

Abb. 220

Gastgeber und Gastgeberin sitzen sich gegenüber, alle anderen Gäste ebenfalls.
An runden Tischen kann es keine Kopfenden geben, die Gäste erkennen die Rangfolge also nicht so offensichtlich.
Bei größerer Gästezahl und bei mehreren runden Tischen werden die Gastgeber an getrennte Tische gesetzt, die anderen Paare bleiben jedoch weitestgehend nach oben erwähntem Muster plaziert.
Danach kann man Familienmitglieder an die nächsten runden Tische setzen, sozusagen als Vertreter der Gastgeber.

2. Geschäftliche Anlässe

Fall 1

Gastgeberpaar mit Ehepaaren

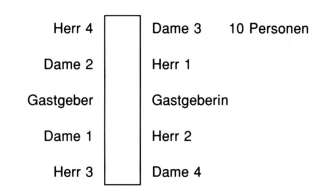

Abb. 221

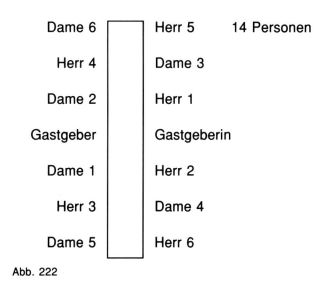

Abb. 222

Teil 3 Die korrekte Sitzplatz- und Rangordnung 85

Herr 8	Dame 7	18 Personen
Dame 6	Herr 5	
Herr 4	Dame 3	
Dame 2	Herr 1	
Gastgeber	Gastgeberin	
Dame 1	Herr 2	
Herr 3	Dame 4	
Dame 5	Herr 6	
Herr 7	Dame 8	

Abb. 223

Herr 2	Dame 4	12 Personen
Dame 2	Herr 4	
Gastgeber	Dame 3	
Gastgeberin	Herr 3	
Herr 1	Dame 5	
Dame 1	Herr 5	

Abb. 224

Herr 7	Dame 9	20 Personen
Dame 7	Herr 9	
Herr 2	Dame 4	
Dame 2	Herr 4	
Gastgeber	Dame 3	
Gastgeberin	Herr 3	
Herr 1	Dame 5	
Dame 1	Herr 5	
Herr 6	Dame 8	
Dame 6	Herr 8	

Abb. 225

Herr 11	Dame 13	28 Personen
Dame 11	Herr 13	
Herr 7	Dame 9	
Dame 7	Herr 9	
Herr 2	Dame 4	
Dame 2	Herr 4	
Gastgeber	Dame 3	
Gastgeberin	Herr 3	
Herr 1	Dame 5	
Dame 1	Herr 5	
Herr 6	Dame 8	
Dame 6	Herr 8	
Herr 10	Dame 12	
Dame 10	Herr 12	

Abb. 226

Dame 2	Herr 2	6 Personen
Gastgeber	Gastgeberin	
Dame 1	Herr 1	

Abb. 227

Herr 4	Dame 4	10 Personen
Dame 2	Herr 2	
Gastgeber	Gastgeberin	
Dame 1	Herr 1	
Herr 3	Dame 3	

Abb. 228

Dame 6	Herr 6	14 Personen
Herr 4	Dame 4	
Dame 2	Herr 2	
Gastgeber	Gastgeberin	
Dame 1	Herr 1	
Herr 3	Dame 3	
Dame 5	Herr 5	

Abb. 229

Herr 4	Dame 5	12 Personen
Dame 1	Herr 3	
Gastgeber	Dame 2	
Gastgeberin	Herr 2	
Herr 1	Dame 3	
Dame 4	Herr 5	

Abb. 232

Herr 8	Dame 8	18 Personen
Dame 6	Herr 6	
Herr 4	Dame 4	
Dame 2	Herr 2	
Gastgeber	Gastgeberin	
Dame 1	Herr 1	
Herr 3	Dame 3	
Dame 5	Herr 5	
Herr 7	Dame 7	

Abb. 230

Dame 6	Herr 7	16 Personen
Herr 4	Dame 5	
Dame 1	Herr 3	
Gastgeber	Dame 2	
Gastgeberin	Herr 2	
Herr 1	Dame 3	
Dame 4	Herr 5	
Herr 6	Dame 7	

Abb. 233

Dame 1	Herr 3	8 Personen
Gastgeber	Dame 2	
Gastgeberin	Herr 2	
Herr 1	Dame 3	

Abb. 231

Herr 8	Dame 9	20 Personen
Dame 6	Herr 7	
Herr 4	Dame 5	
Dame 1	Herr 3	
Gastgeber	Dame 2	
Gastgeberin	Herr 2	
Herr 1	Dame 3	
Dame 4	Herr 5	
Herr 6	Dame 7	
Dame 8	Herr 9	

Abb. 234

Teil 3 Die korrekte Sitzplatz- und Rangordnung

Fall 2

Gastgeberpaar mit Ehepaaren, Ehrengästen

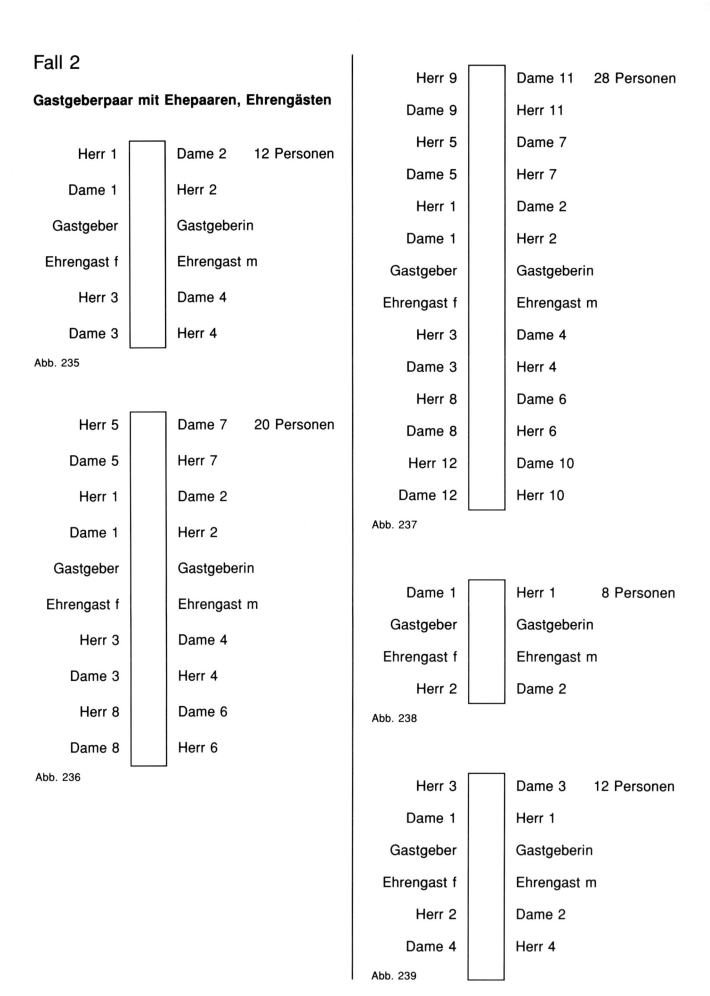

Abb. 235 (12 Personen): Herr 1 / Dame 2, Dame 1 / Herr 2, Gastgeber / Gastgeberin, Ehrengast f / Ehrengast m, Herr 3 / Dame 4, Dame 3 / Herr 4

Abb. 236 (20 Personen): Herr 5 / Dame 7, Dame 5 / Herr 7, Herr 1 / Dame 2, Dame 1 / Herr 2, Gastgeber / Gastgeberin, Ehrengast f / Ehrengast m, Herr 3 / Dame 4, Dame 3 / Herr 4, Herr 8 / Dame 6, Dame 8 / Herr 6

Abb. 237 (28 Personen): Herr 9 / Dame 11, Dame 9 / Herr 11, Herr 5 / Dame 7, Dame 5 / Herr 7, Herr 1 / Dame 2, Dame 1 / Herr 2, Gastgeber / Gastgeberin, Ehrengast f / Ehrengast m, Herr 3 / Dame 4, Dame 3 / Herr 4, Herr 8 / Dame 6, Dame 8 / Herr 6, Herr 12 / Dame 10, Dame 12 / Herr 10

Abb. 238 (8 Personen): Dame 1 / Herr 1, Gastgeber / Gastgeberin, Ehrengast f / Ehrengast m, Herr 2 / Dame 2

Abb. 239 (12 Personen): Herr 3 / Dame 3, Dame 1 / Herr 1, Gastgeber / Gastgeberin, Ehrengast f / Ehrengast m, Herr 2 / Dame 2, Dame 4 / Herr 4

Dame 5	Herr 5	16 Personen
Herr 3	Dame 3	
Dame 1	Herr 1	
Gastgeber	Gastgeberin	
Ehrengast f	Ehrengast m	
Herr 2	Dame 2	
Dame 4	Herr 4	
Herr 6	Dame 6	

Abb. 240

Herr 7	Dame 7	20 Personen
Dame 5	Herr 5	
Herr 3	Dame 3	
Dame 1	Herr 1	
Gastgeber	Gastgeberin	
Ehrengast f	Ehrengast m	
Herr 2	Dame 2	
Dame 4	Herr 4	
Herr 6	Dame 6	
Dame 8	Herr 8	

Abb. 241

Dame 9	Herr 9	24 Personen
Herr 7	Dame 7	
Dame 5	Herr 5	
Herr 3	Dame 3	
Dame 1	Herr 1	
Gastgeber	Gastgeberin	
Ehrengast f	Ehrengast m	
Herr 2	Dame 2	
Dame 4	Herr 4	
Herr 6	Dame 6	
Dame 8	Herr 8	
Herr 10	Dame 10	

Abb. 242

Herr 11	Dame 11	28 Personen
Dame 9	Herr 9	
Herr 7	Dame 7	
Dame 5	Herr 5	
Herr 3	Dame 3	
Dame 1	Herr 1	
Gastgeber	Gastgeberin	
Ehrengast f	Ehrengast m	
Herr 2	Dame 2	
Dame 4	Herr 4	
Herr 6	Dame 6	
Dame 8	Herr 8	
Herr 10	Dame 10	
Dame 12	Herr 12	

Abb. 243

Teil 3 Die korrekte Sitzplatz- und Rangordnung

Herr 3	Dame 4	12 Personen
Dame 1	Herr 1	
Gastgeber	Gastgeberin	
Ehrengast f	Ehrengast m	
Herr 2	Dame 2	
Dame 3	Herr 4	

Abb. 244

Dame 5	Herr 6	16 Personen
Herr 3	Dame 4	
Dame 1	Herr 1	
Gastgeber	Gastgeberin	
Ehrengast f	Ehrengast m	
Herr 2	Dame 2	
Dame 3	Herr 4	
Herr 5	Dame 6	

Abb. 245

Herr 7	Dame 8	20 Personen
Dame 5	Herr 6	
Herr 3	Dame 4	
Dame 1	Herr 1	
Gastgeber	Gastgeberin	
Ehrengast f	Ehrengast m	
Herr 2	Dame 2	
Dame 3	Herr 4	
Herr 5	Dame 6	
Dame 7	Herr 8	

Abb. 246

Dame 9	Herr 10	24 Personen
Herr 7	Dame 8	
Dame 5	Herr 6	
Herr 3	Dame 4	
Dame 1	Herr 1	
Gastgeber	Gastgeberin	
Ehrengast f	Ehrengast m	
Herr 2	Dame 2	
Dame 3	Herr 4	
Herr 5	Dame 6	
Dame 7	Herr 8	
Herr 9	Dame 10	

Abb. 243

Herr 11	Dame 12	28 Personen
Dame 9	Herr 10	
Herr 7	Dame 8	
Dame 5	Herr 6	
Herr 3	Dame 4	
Dame 1	Herr 1	
Gastgeber	Gastgeberin	
Ehrengast f	Ehrengast m	
Herr 2	Dame 2	
Dame 3	Herr 4	
Herr 5	Dame 6	
Dame 7	Herr 8	
Herr 9	Dame 10	
Dame 11	Herr 12	

Abb. 248

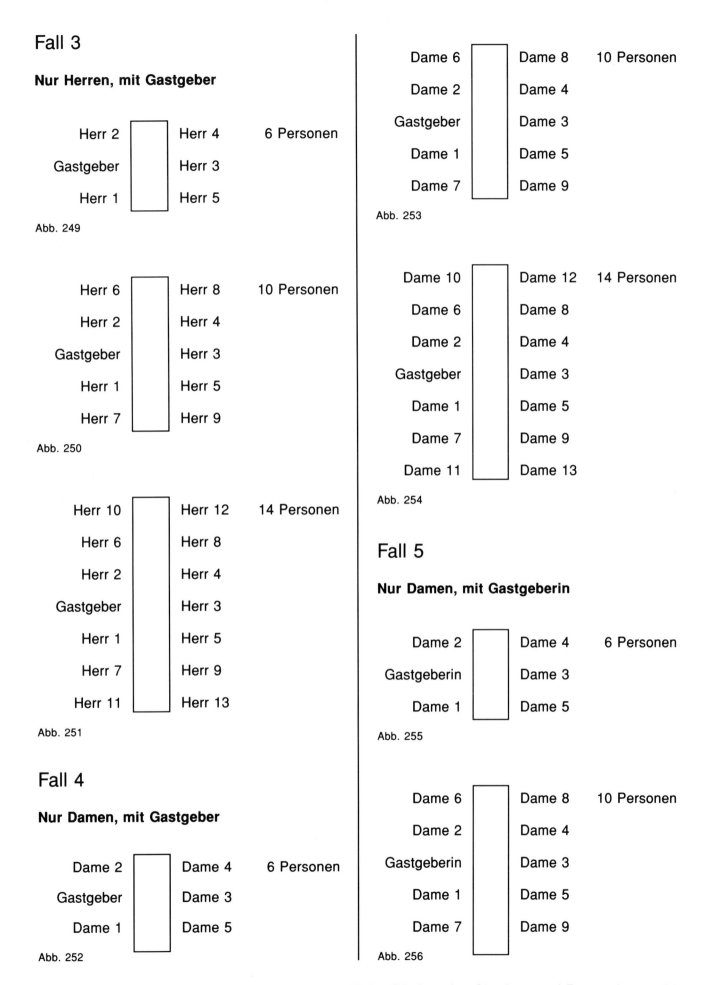

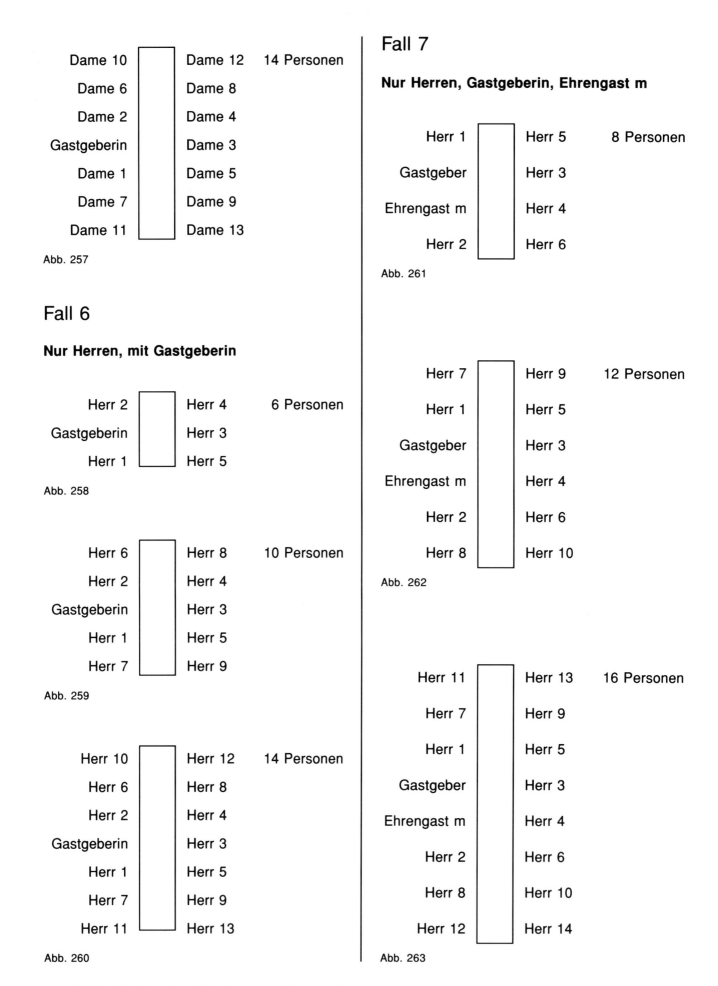

Dame 10	Dame 12	14 Personen
Dame 6	Dame 8	
Dame 2	Dame 4	
Gastgeberin	Dame 3	
Dame 1	Dame 5	
Dame 7	Dame 9	
Dame 11	Dame 13	

Abb. 257

Fall 6

Nur Herren, mit Gastgeberin

Herr 2	Herr 4	6 Personen
Gastgeberin	Herr 3	
Herr 1	Herr 5	

Abb. 258

Herr 6	Herr 8	10 Personen
Herr 2	Herr 4	
Gastgeberin	Herr 3	
Herr 1	Herr 5	
Herr 7	Herr 9	

Abb. 259

Herr 10	Herr 12	14 Personen
Herr 6	Herr 8	
Herr 2	Herr 4	
Gastgeberin	Herr 3	
Herr 1	Herr 5	
Herr 7	Herr 9	
Herr 11	Herr 13	

Abb. 260

Fall 7

Nur Herren, Gastgeberin, Ehrengast m

Herr 1	Herr 5	8 Personen
Gastgeber	Herr 3	
Ehrengast m	Herr 4	
Herr 2	Herr 6	

Abb. 261

Herr 7	Herr 9	12 Personen
Herr 1	Herr 5	
Gastgeber	Herr 3	
Ehrengast m	Herr 4	
Herr 2	Herr 6	
Herr 8	Herr 10	

Abb. 262

Herr 11	Herr 13	16 Personen
Herr 7	Herr 9	
Herr 1	Herr 5	
Gastgeber	Herr 3	
Ehrengast m	Herr 4	
Herr 2	Herr 6	
Herr 8	Herr 10	
Herr 12	Herr 14	

Abb. 263

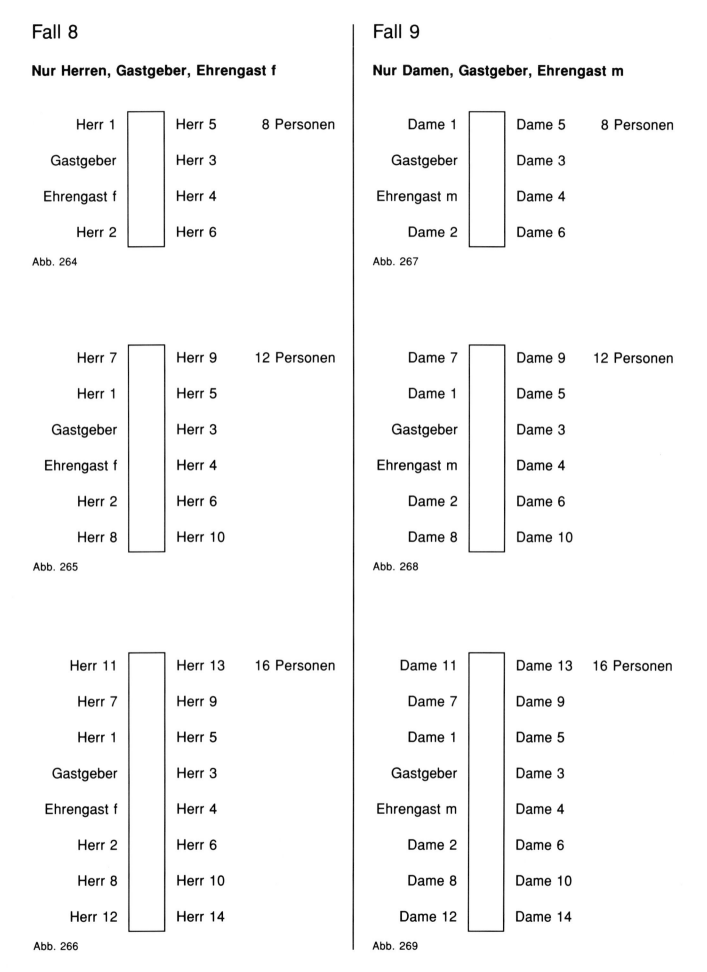

Fall 10

Nur Damen, Gastgeber, Ehrengast f

Dame 1		Dame 5	8 Personen
Gastgeber		Dame 3	
Ehrengast f		Dame 4	
Dame 2		Dame 6	

Abb. 270

Dame 7		Dame 9	12 Personen
Dame 1		Dame 5	
Gastgeber		Dame 3	
Ehrengast f		Dame 4	
Dame 2		Dame 6	
Dame 8		Dame 10	

Abb. 271

Dame 11		Dame 13	16 Personen
Dame 7		Dame 9	
Dame 1		Dame 5	
Gastgeber		Dame 3	
Ehrengast f		Dame 4	
Dame 2		Dame 6	
Dame 8		Dame 10	
Dame 12		Dame 14	

Abb. 272

Fall 11

Nur Herren, Gastgeberin, Ehrengast m

Herr 2		Herr 6	8 Personen
Ehrengast m		Herr 4	
Gastgeberin		Herr 3	
Herr 1		Herr 5	

Abb. 273

Herr 8		Herr 10	12 Personen
Herr 2		Herr 6	
Ehrengast m		Herr 4	
Gastgeberin		Herr 3	
Herr 1		Herr 5	
Herr 7		Herr 9	

Abb. 274

Herr 12		Herr 14	16 Personen
Herr 8		Herr 10	
Herr 2		Herr 6	
Ehrengast m		Herr 4	
Gastgeberin		Herr 3	
Herr 1		Herr 5	
Herr 7		Herr 9	
Herr 11		Herr 13	

Abb. 275

Fall 12

Nur Herren, Gastgeberin, Ehrengast f

Fall 13

Nur Damen, Gastgerberin, Ehrengast m

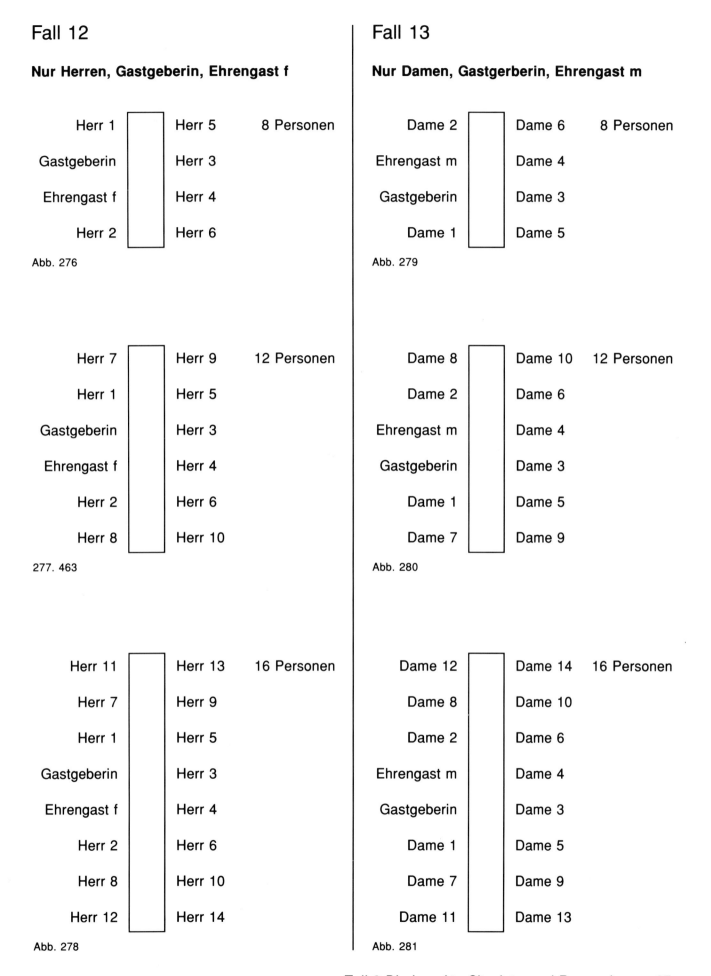

Fall 14

Nur Damen, Gastgeberin, Ehrengast f

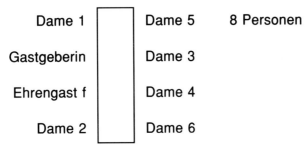

Abb. 282

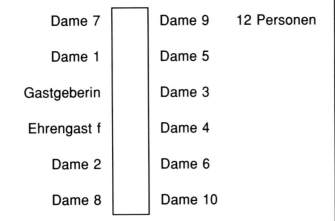

Abb. 283

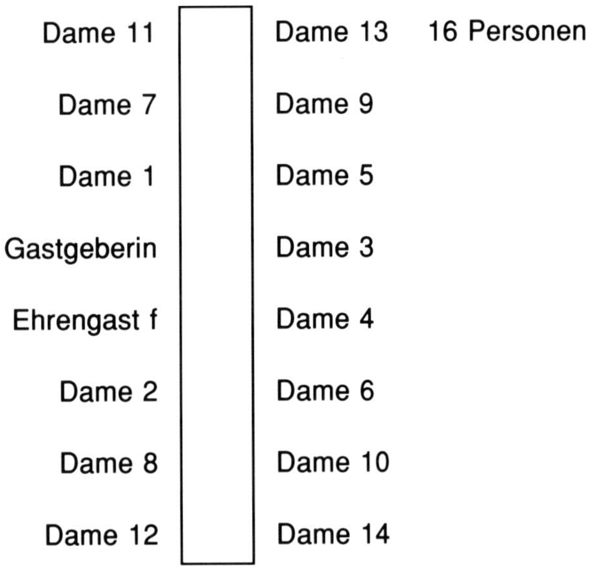

Dame 11		Dame 13	16 Personen
Dame 7		Dame 9	
Dame 1		Dame 5	
Gastgeberin		Dame 3	
Ehrengast f		Dame 4	
Dame 2		Dame 6	
Dame 8		Dame 10	
Dame 12		Dame 14	

Abb. 284

3. Privater Familienkreis

Im privaten Familienkreis wird die Sitzordnung nicht allzu genau genommen. Es kann daher bei dieser Personengruppe zu Abweichungen von den allgemeinen Regeln kommen.
Die üblichen Sitzordnungen sind dennoch aufgeführt. Sollte von Regeln abgewichen sein, wird dies gesondert vermerkt.

Fall 15

Mutter, Vater, Oma, Opa, Tochter, Sohn

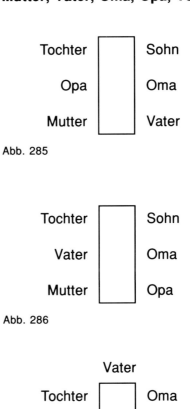

Abb. 285

Abb. 286

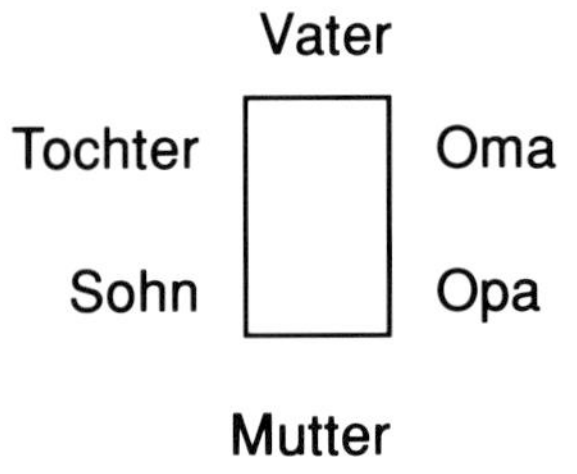

Abb. 287

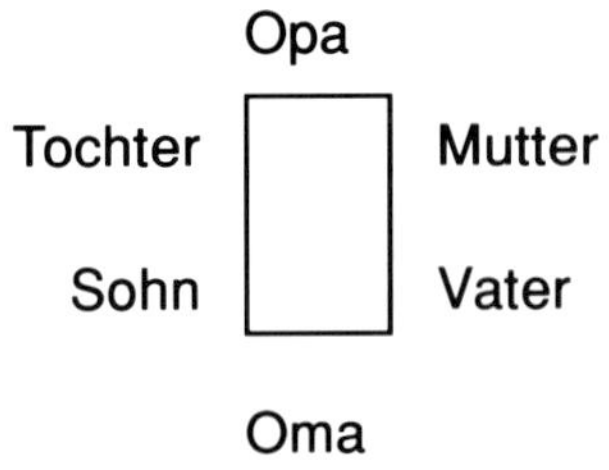

Abb. 288

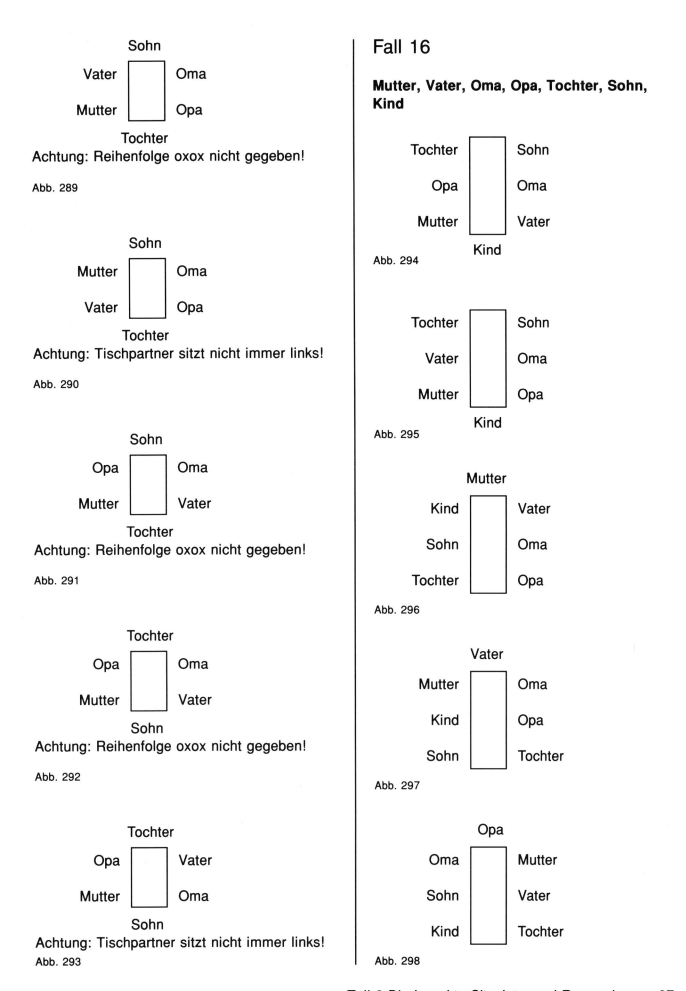

Sohn
Vater   Oma
Mutter Opa
Tochter

Achtung: Reihenfolge oxox nicht gegeben!

Abb. 289

Sohn
Mutter Oma
Vater   Opa
Tochter

Achtung: Tischpartner sitzt nicht immer links!

Abb. 290

Sohn
Opa   Oma
Mutter Vater
Tochter

Achtung: Reihenfolge oxox nicht gegeben!

Abb. 291

Tochter
Opa   Oma
Mutter Vater
Sohn

Achtung: Reihenfolge oxox nicht gegeben!

Abb. 292

Tochter
Opa   Vater
Mutter Oma
Sohn

Achtung: Tischpartner sitzt nicht immer links!

Abb. 293

Fall 16

Mutter, Vater, Oma, Opa, Tochter, Sohn, Kind

Tochter Sohn
Opa   Oma
Mutter   Vater
Kind

Abb. 294

Tochter Sohn
Vater   Oma
Mutter   Opa
Kind

Abb. 295

Mutter
Kind   Vater
Sohn   Oma
Tochter Opa

Abb. 296

Vater
Mutter Oma
Kind   Opa
Sohn   Tochter

Abb. 297

Opa
Oma   Mutter
Sohn   Vater
Kind   Tochter

Abb. 298

Teil 3 Die korrekte Sitzplatz- und Rangordnung

Abb. 299

Fall 17

Mutter, Vater, Oma, Opa, Tochter, Sohn, 2 Kinder

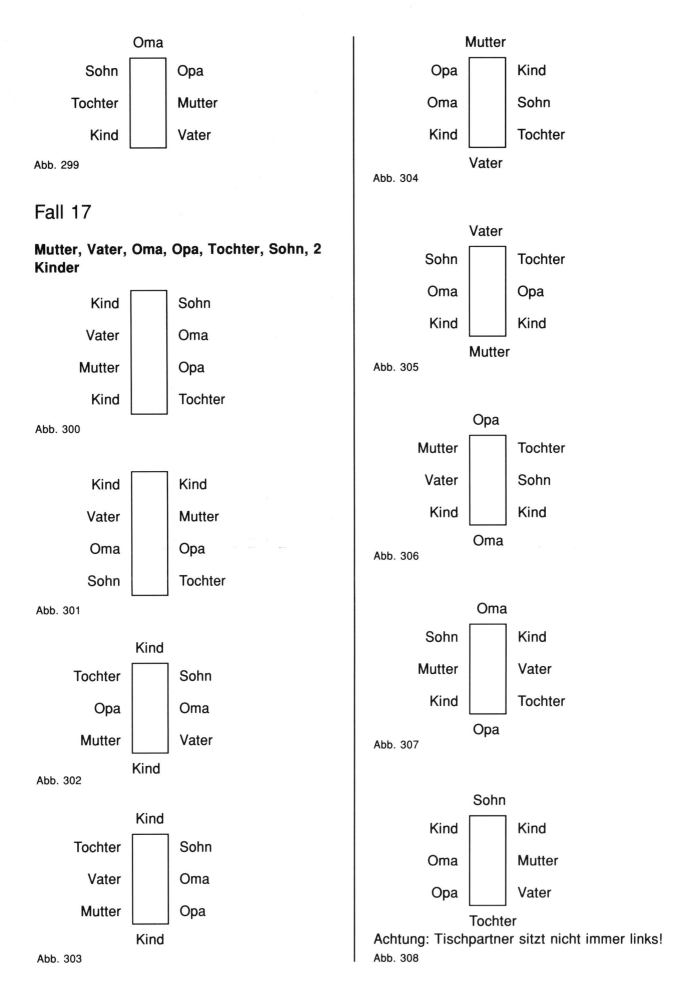

Abb. 300

Abb. 301

Abb. 302

Abb. 303

Abb. 304

Abb. 305

Abb. 306

Abb. 307

Achtung: Tischpartner sitzt nicht immer links!
Abb. 308

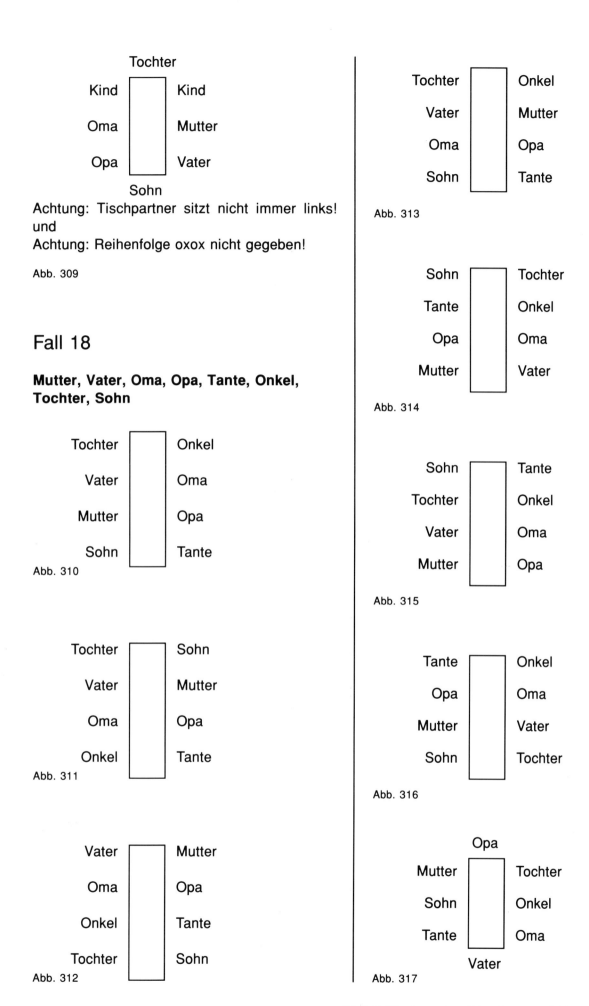

Abb. 309

Achtung: Tischpartner sitzt nicht immer links!
und
Achtung: Reihenfolge oxox nicht gegeben!

Fall 18

Mutter, Vater, Oma, Opa, Tante, Onkel, Tochter, Sohn

Abb. 310

Abb. 311

Abb. 312

Abb. 313

Abb. 314

Abb. 315

Abb. 316

Abb. 317

Teil 3 Die korrekte Sitzplatz- und Rangordnung

```
            Mutter
    Sohn  ┌──┐  Opa
    Tante │  │  Tochter
    Vater │  │  Onkel
          └──┘
            Oma
```
Abb. 318

```
            Vater
    Oma   ┌──┐  Tante
    Tochter│ │  Sohn
    Onkel │  │  Opa
          └──┘
            Mutter
```
Achtung: Reihenfolge oxox nicht gegeben!
und
Achtung: Tischpartner sitzt nicht immer links!

Abb. 319

```
            Opa
    Mutter ┌──┐ Tante
    Tochter│  │ Sohn
    Onkel  │  │ Vater
           └──┘
            Oma
```
Achtung: Reihenfolge oxox nicht gegeben!
und
Achtung: Tischpartner sitzt nicht immer links!

Abb. 320

```
            Onkel
    Mutter ┌──┐ Oma
    Sohn   │  │ Tochter
    Vater  │  │ Opa
           └──┘
            Tante
```
Achtung: Reihenfolge oxox nicht gegeben!
und
Achtung: Tischpartner sitzt nicht immer links!

Abb. 321

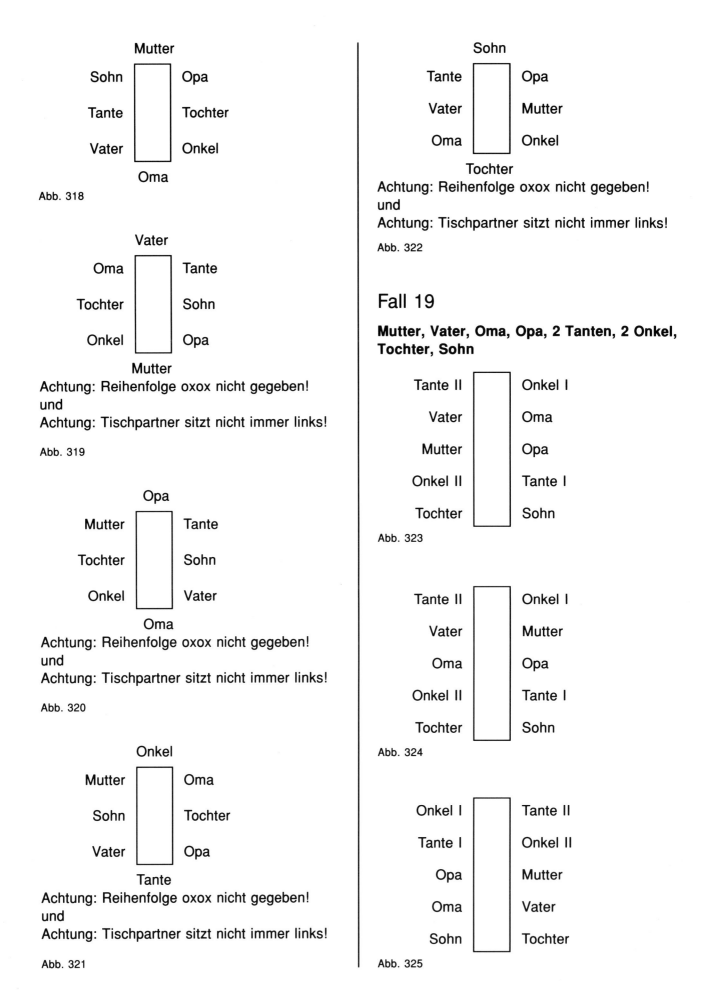

Achtung: Reihenfolge oxox nicht gegeben!
und
Achtung: Tischpartner sitzt nicht immer links!

Abb. 322

Fall 19

Mutter, Vater, Oma, Opa, 2 Tanten, 2 Onkel, Tochter, Sohn

Abb. 323

Abb. 324

Abb. 325

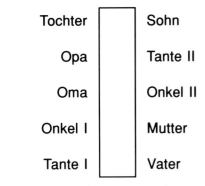

Abb. 326

Abb. 327

Abb. 328

Abb. 329

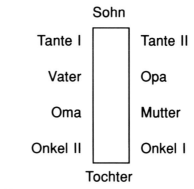

Abb. 330

4. U-Form oder Hufeisen-Form

Wie in Kapitel I bereits angeführt, kommt es gerade bei der sehr beliebten Hufeisen- oder U-Form zu sehr „ungerechten" Plätzen, das heißt es gibt zwangsläufig extrem „niedrige" Rangplätze. Meist wird bei dieser Tafelform das „Diagonalsetzen" aufgehoben. Es wird vom Paar 1 aus abwechselnd nach „unten" gesetzt.

Weiter gibt es die Möglichkeit, von „oben" über die Außenseiten der „Tafelschenkel" nach „unten", dann „innen" wieder nach „oben" zu numerieren.

In den folgenden 6 Fällen werden verschiedene Beispiele aufgezeigt, wobei jeweils die Tafelschenkel innen und außen besetzt sind:

Fall 20

Gastgeberpaar, 20 Paare, ohne Eckplätze, ohne Endplätze (42 Personen)

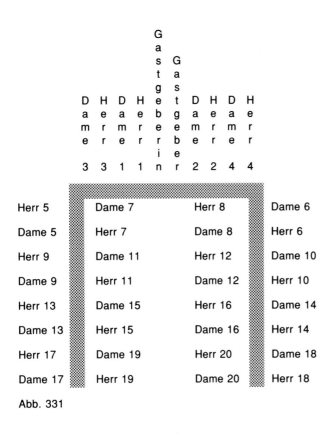

Abb. 331

Fall 21

Gastgeberpaar, 20 Paare, mit Eckplätzen, ohne Endplätze (42 Personen)

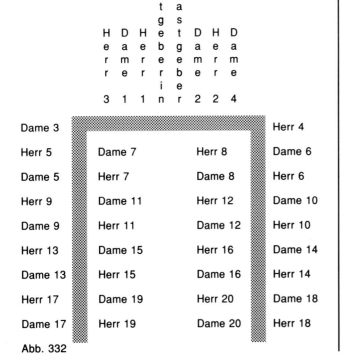

Abb. 332

Fall 22

Gastgeberpaar, 24 Paare, mit Eckplätzen, mit Endplätzen (50 Personen)

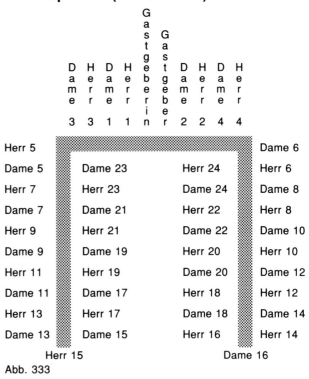

Abb. 333

Fall 23

Gastgeberpaar, Ehrenplätze, 20 Paare, ohne Eckplätze, ohne Endplätze (48 Personen)

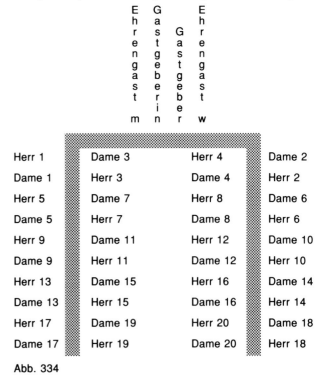

Abb. 334

Fall 24

Gastgeberpaar, Ehrengäste, 21 Paare, mit Eckplätzen, ohne Endplätze (46 Personen)

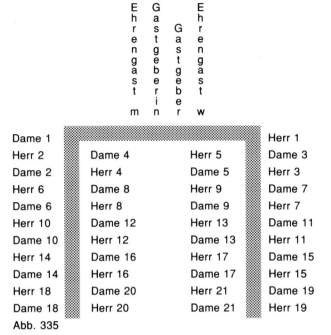

Abb. 335

Fall 25

Gastgeberpaar, 28 Paare, mit Eckplätzen, mit Endplätzen (58 Personen)

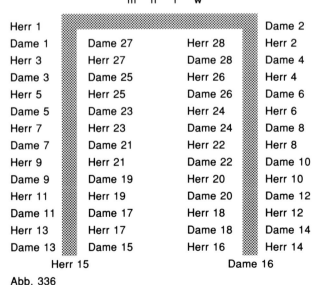

Abb. 336

In den nächsten Fällen werden Beispiele gezeigt, bei denen lediglich die Außenseiten der Tafelschenkel besetzt werden. Diese Form wird bevorzugt, wenn man aus Platzgründen die Tafel nicht so breit wie oben aufgeführt stellen kann, oder wenn es sich um eine geringere Anzahl von Gästen handelt. Auch hier werden die Gäste vorzugsweise paarweise gesetzt.

Fall 26

Gastgeberpaar, 16 Paare (34 Personen)

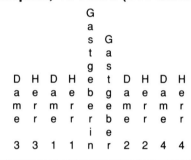

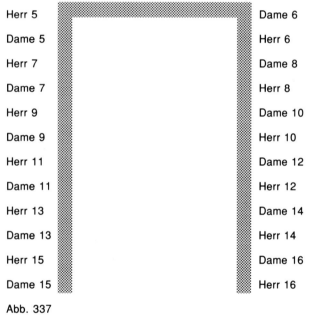

Abb. 337

Teil 3 Die korrekte Sitzplatz- und Rangordnung

Fall 27

Gastgeberpaar, Ehrengäste, 16 Paare (36 Personen)

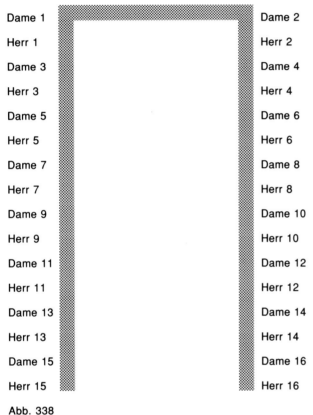

Abb. 338

5. Sonstige Formen

Neben den meist anzutreffenden Tafelformen wie rechteckigen Blöcken oder Hufeisen-Formen gibt es zahlreiche andere Tisch- und Tafelformen, die bei verschiedenen privaten wie öffentlichen Anlässen gestellt werden können.

In diesem Kapitel zeigen wir eine beliebige aufgelöste Tafelform an, die gerade bei sehr großen Anlässen gestellt werden kann. Auch hier gibt es „gute" und „schlechte" Tische sowie auch jeweils „gute" und „schlechte" Plätze an jeder Tafel.

Es sei nun folgende Tischordnung als Beispiel genommen:

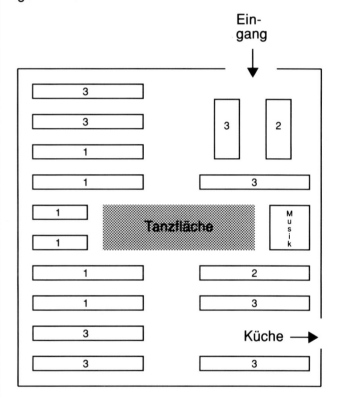

Abb. 339

Als „gute" Tische gelten diejenigen, die mit einer „1" beschriftet wurden; als „schlechte" solche mit einer „3".

1er Tische befinden sich unmittelbar neben der Tanzfläche, gut das Geschehen dort einsehend. 3er Tische sind solche, die an Ein- bzw. Ausgängen stehen, an Durchlaufgängen oder weit ab von der Tanzfläche. Die 2er Tische halten sich im Mittelfeld. Sie stehen zwar meist günstig, was z.B. die Tanzfläche betrifft, haben aber schlechte Plätze, wie z.B. direkt neben den Lautsprechern der Musik.

Sitzplatzbewertung:

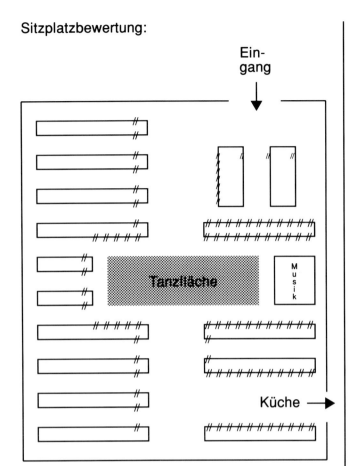

Abb. 340

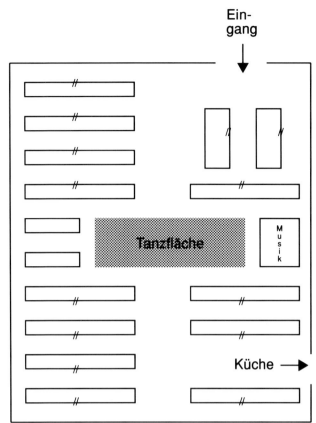

Abb. 341

Die mit dem Zeichen „//" markierten Sitzplätze sind „schlechte" Plätze, da die Gäste dort z.B. mit dem Rücken zur Tanzfläche oder zu Laufgängen sitzen. Es sind Plätze, an denen viele Menschen im Laufe des Anlasses vorbeigehen müssen und somit eine ständige Störung zu erwarten ist.
Hochrangige Gäste wird man an die 1er Tische bitten und dort – wie oben beschrieben – an den Plätzen in der Mitte der Tafeln. Je mehr der Rang abfällt, desto eher wird man die 3er Tische vermitteln.
Eine gute Gelegenheit, auch 3er Tische aufzuwerten ist es, ein Familienmitglied (im familiären Kreis) oder ein Vertreter der Einladenden, wie z.B. höhere Abteilungsleiter oder gar Stellvertreter (im geschäftlichen Kreis), an die anderen Tafeln zu „verteilen". Das könnte so aussehen:

Auch hier steht das Zeichen „//" für den anzuzeigenden Sitzplatz.
Die Person sitzt möglichst in Blickrichtung zum Gastgeber.
Auch bei dieser Wahl wird man dem Ranghöheren die besser bewerteten Tafeln zuordnen.

6. Die Rang- und Platzordnung im privaten Leben

Es ist recht schwierig, im privaten Kreis die richtige und gerechte Rangfolge aufzustellen, so daß sich kein Gast benachteiligt fühlt, kein Gast übergangen oder beleidigt wird.
Jeder, der schon einmal eine Sitzordnung zusammenstellen mußte, ist ganz sicher auf Probleme dieser Art gestoßen. Trotzdem soll hier eine Anleitung gegeben werden, in welcher Reihenfolge Gäste oder Familienmitglieder rangmäßig einzustufen sind.
In der Praxis ist dies ganz vorsichtig zu hand-

haben, um niemanden vor den Kopf zu stoßen, und sicher muß auch von Fall zu Fall entschieden und von hier aufgelisteten Vorschlägen abgewichen werden.

Fall 28:

Rangordnung in der Familie:

1. Mutter
2. Vater
3. Tochter
4. Sohn

Abb. 342

1. Oma
2. Opa
3. Mutter
4. Vater
5. Ältere Tochter
6. Älterer Sohn
7. Junge Tochter
8. Junger Sohn
9. Kind

Abb. 343

1. Ältere Oma
2. Oma
3. Älterer Opa
4. Opa
5. Ältere Tante
6. Tante
7. Älterer Onkel
8. Onkel
9. Mutter
10. Vater
11. Ältere Tochter
12. Älterer Sohn
13. Junge Tochter
14. Junger Sohn
15. Kind

Abb. 344

7. Die Rang- und Platzordnung im öffentlichen Leben

Ist es schon sehr schwierig, im privaten Kreis die richtige und gerechte Rangfolge aufzustellen, so ist es noch weitaus schwieriger, geladene Gäste aus dem öffentlichen Leben rangmäßig richtig zu ordnen, zumal aus verschiedenen Institutionen gleichrangige Gäste anwesend sein können.
Nach Angaben des Auswärtigen Amtes in Bonn sowie nach Jürgen Hartmanns Ausführungen in „Staatszeremoniell" sieht die politische Rangordnung in Deutschland etwa so aus:

Fall 29:

Politische Rangordnung in der Bundesrepublik Deutschland:

1. Bundespräsident
2. Ausländische Kaiser
3. Ausländische Könige
4. Ausländische Staatschefs
5. Bundeskanzler
6. Präsident des Deutschen Bundestags
7. Präsident des Europäischen Parlaments
8. Präsident des Bundesverfassungsgerichts
9. Doyen des Diplomatischen Corps
10. Botschafter aus dem Ausland in der Reihenfolge der Übergabe Ihrer Beglaubigungsschreiben (Accredition?)
11. Stellvertretende Regierungschefs aus dem Ausland
12. Ehemalige Bundespräsidenten
13. Vorsitzender der Deutschen Bischofskonferenz
14. Vorsitzender des Rates der Evangelischen Kirche in Deutschland
15. Vorsitzender des Zentralrates der Juden
16. Generalsekretär der Vereinten Nationen
17. Generalsekretär der NATO
18. Präsident des Rates der Europäischen Gemeinschaft
19. Gesandten aus dem Ausland

20. Ehemalige Bundeskanzler
21. Ehemalige Präsidenten des Deutschen Bundestags
22. Ehemalige Präsidenten des Bundesverfassungsgerichts
23. Bundesminister in amtlicher Reihenfolge
24. Ministerpräsidenten der Bundesländer
25. EG-Kommissare
26. Generalsekretär des Europarates
27. Vorsitzender der stärksten Fraktion im Deutschen Bundestag
28. Vorsitzende der anderen Fraktionen im Deutschen Bundestag, je nach Stärke
29. Vizepräsidenten des Bundestages
30. Vizepräsidenten des Bundesverfassungsgerichts
31. Regierungschefs der Deutschen Länder
32. Kardinäle
33. Patriarchen
34. Mitglieder der Kommission der Europäischen Gemeinschaften.
35. Vorsitzende der Parteien aus dem Deutschen Bundestag nach Stärke
36. Präsidenten der Landtage
37. Erzbischöfe
38. Landesbischöfe
39. Bischöfe
40. Landessuperintendenten
41. Landesrabbiner
42. Präsident der Deutschen Bundesbank
43. Minister der Deutschen Länder
44. Stellvertretende Vorsitzende der Fraktionen
45. Vorsitzende der Ausschüsse im Deutschen Bundestag
46. Stellvertretender Vorsitzender der stärksten Partei
47. Stellvertretende Vorsitzende der anderen Parteien
48. Ehemalige Bundesminister
49. Ehemalige Ministerpräsidenten der Länder
50. Präsident des Bundesrechnungshofs
51. Staatsminister
52. Parlamentarische Staatssekretäre
53. Staatssekretäre des Bundes
54. Staatssekretäre der Länder
55. Präsident des Bundesverbands der Deutschen Industrie
56. Präsident des Arbeitgeberverbandes
57. Präsident des Deutschen Industrie- und Handelstages
58. Präsident des Deutschen Bauernverbands
59. Vorsitzender des Deutschen Gewerkschaftsbundes
60. Träger des Großen Bundesverdienstkreuzes
61. Präsidenten der obersten Gerichtshöfe
62. Richter des Bundesverfassungsgerichtes
63. Mitglieder des Deutschen Bundestags
64. Abgeordnete des Europäischen Parlaments
65. Repräsentanten der kommunalen Spitzenverbände
66. Präsident der Bundesanstalt für Arbeit
67. Generalinspekteur der Bundeswehr
68. Wehrbeauftragte des Deutschen Bundestags
69. Erster Präsident der Deutschen Bundesbahn
70. Vorsitzende des Verwaltungsrats der Deutschen Bundesbahn
71. Vorsitzende des Verwaltungsrats der Deutschen Bundespost
72. Präsidenten der Verfassungsgerichtshöfe der Länder
73. Vorsitzende der Fraktionen der Landtage
74. Landesvorsitzende der Parteien in den Landesparlamenten
75. Vizepräsidenten der Landtage
76. Stellvertretende Vorsitzende der Fraktionen in den Landtagen
77. Mitglieder der Deutschen Bundesbank
78. Direktor beim Deutschen Bundestag
79. Direktor des Bundesrats
80. Staatssekretäre der Länder
81. Generäle/Admirale
82. Ministerialdirektoren
83. Abgeordnete der Landtage

Abb. 345

Fall 30:

Politische Rangordnung der Institutionen in der Bundesrepublik Deutschland:

1. Deutscher Bundestag
2. Europäisches Parlament
3. Bundesversammlung
4. Bundesrat
5. Bundespräsident
6. Bundeskanzler
7. Bundesverfassungsgericht
8. Bundesregierung
9. Bundestagspräsident
10. Bundesratspräsident
11. Chefs der diplomatischen Missionen
12. Höchsten Repräsentanten der Religionsgemeinschaften
13. Repräsentanten der Parteien im Deutschen Bundestag
14. Repräsentanten der Landtage
15. Landesregierungen
16. Chefs oberster Bundesbehörden
17. Stellvertretenden Chefs der obersten Bundesbehörden

Abb. 346

Fall 31:

Militärische Rangordnung in der Bundesrepublik Deutschland:

1. Bundesverteidigungsminister
2. Generalinspekteur der Bundeswehr
3. Wehrbeauftragter des Deuschen Bundestags
4. Admirale
5. Generäle
6. Vizeadmirale
7. Generalleutnante
8. Konteradmirale
9. Generalmajore
10. Flottenadmirale
11. Brigadegenerale
12. Oberste
13. Oberstleutnante
14. Majore
15. Hauptmänner
16. Leutnante
17. Hauptfeldwebel
18. Oberfeldwebel
19. Feldwebel
20. Hauptgefreite
21. Obergefreite
22. Gefreite
23. Soldaten / Matrosen

Abb. 347

Fall 32:

Kirchliche Rangordnung in der Bundesrepublik Deutschland:

1. Papst
2. Kardinal
3. Päpstlicher Gesandter
4. Patriarch
5. Primas
6. Metropolit
7. Erzbischof
8. Landesbischof
9. Bischof
10. Weihbischof
11. Abt
12. Prälat
13. Apostolischer Vikar
14. Apostolischer Präfekt
15. Apostolischer Administrator
16. Kapitelsvikar
17. Generalvikar
18. Offizial
19. Dechant
20. Pfarrer
21. Domvikar
22. Kaplan
23. Schwester Oberin
24. Schwester

Abb. 348

Fall 33:

Rangordnung in diplomatischen Missionen:

1. Botschafter
2. Gesandter
3. Botschaftsrat
4. 1. Sekretär
5. 2. Sekretär
6. 3. Sekretär
7. Attaché

Abb. 350

Fall 34:

Beamte:

1. Staatssekretär
2. Ministerialdirektor
3. Ministerialdirigent
4. Ministerialrat
5. Regierungsdirektor
6. Oberregierungsrat
7. Regierungsrat

Abb. 351

Teil 3 Die korrekte Sitzplaz- und Rangordnung

Teil 4
Verschiedene Bankettkarten

1. Katerfrühstück

Anlaß:
Nach einer durchzechten Nacht wird am nächsten Vormittag gerne ein Katerfrühstück eingenommen. Dieses „Frühstück" wird bis einschließlich zur Mittagszeit serviert.

Zeitpunkt:
Typische Termine für ein Katerfrühstück sind:
- der 1. Januar – Neujahrsvormittag
- die Vormittage zwischen Fastnachtsfreitag und Aschermittwoch

Ort:
Das Katerfrühstück kann in jedem beliebigen Restaurant serviert werden – grundsätzlich in einem geschlossenen Raum, schon der Jahreszeit wegen.

Personenzahl:
Katerfrühstück möglich schon ab einer Person.

Raumdekoration:
Es k a n n Festdekoration folgender Art angebracht sein:
- Luftschlangen
- Luftballons
- Girlanden
- Konfetti

Speisenfolge:

Fleischsuppe

Hering mit Sahnesauce
Pellkartoffeln

Die Sahnesauce besteht aus: Sahne, Lauch, Gurken, Zwiebeln, Äpfeln.

Menükarte:
Eine spezielle Menükarte gibt es nicht. Das Katerfrühstück wird meist auf einer Schiefertafel angekündigt.

Getränke:
Zum Katerfrühstück empfiehlt es sich, ein gut gekühltes Bier zu wählen.

Tafelform:
Je nach Personenzahl Einzeltische oder einfache Blocks

Abb. 352

Tischwäsche:
Es ist keine besondere Tischwäsche nötig, Papiertischtücher genügen. Je nach Betrieb können auf ein Tischtuch auch (Papier-)Sets aufgelegt werden.

Couverts:
Keine. Die Besteckteile werden in Papierservietten gewickelt und auf einen Teller in der Mitte des Tisches gestellt.
Salz und Pfeffer stehen auf dem Tisch.

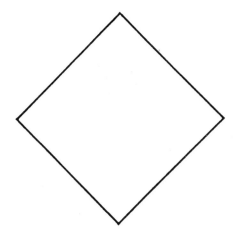

Abb. 353

Abb. 354

Abb. 355

Abb. 356

Abb. 357

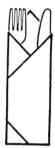

Abb. 358

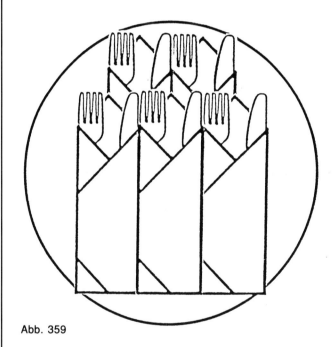

Abb. 359

Serviettenform:
Keine besondere. Vergleiche Couverts.

Tischdekoration:
Auf den Tischen findet man keine Tischdekoration. Es ist aber möglich, daß man noch Luftschlangen aufhängt und Konfetti o.ä. verstreut.

Blumendekoration:
Keine spezielle.

Teil 4 Verschiedene Bankettarten 111

Kerzendekoration:
Keine.

Servicebekleidung:
Leger oder schwarz/weiß. Närrische Kopfbedeckung möglich.

Gästekleidung:
Winterlich leger.

Teilnehmer:
Jeder.

Sitzordnung:
Keine spezielle Sitzordnung vorgesehen.

Musik:
Keine spezielle.

Ablauf:
Die Gäste werden bedient, wobei der Suppenlöffel mit der Fleischsuppe gereicht wird.
Oder die Gäste bedienen sich an einem kleinen Buffet selbst.

Sonstiges
-.-

2. Kuchentafel

Anlaß:
Meist Familienfeiern oder Busfahrten.

Zeitpunkt:
Nachmittags ab etwa 14.30 Uhr.

Ort:
Geschlossene Caféräume.

Personenzahl:
Ab ca. 8 Personen nach oben.

Raumdekoration:
Keine spezielle Raumdekoration.

Speisenfolge:
Kaffee, Torte, Kuchen oder Gebäckstücke.

Menükarte:
Keine.

Getränke:
Kaffee, Tee, Milch, Schokolade.

Tafelform:
Block oder Doppelblock.

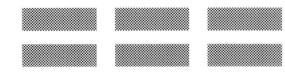

Abb. 360

Tischwäsche:
Der Raumeinrichtung entsprechend, aber nicht weiß. Meistens bunt.

Couverts:
Es wird Mittelbesteck eingedeckt. Ein Mittellöffel und eine Mittelgabel. Der Löffel liegt rechts. Ein Stück Torte oder ein Stück Kuchen wird immer mit diesen beiden Besteckteilen gegessen.

Abb. 361

Je nach Art des Betriebs ist es möglich, nur eine Kuchengabel oder eine Mittelgabel einzudecken, dann aber rechts neben die Serviette.

Abb. 362

Zusätzlich deckt man eine Kaffeeuntertasse ein, einen Kaffeelöffel, und sofern nicht später vorgewärmte Tassen eingesetzt werden, auch eine Kaffeetasse. Diese steht mit der Öffnung nach oben, nicht etwa nach unten. Früher drehte man die Tassen oft um, damit kein Staub ins Tasseninnere gelangen konnte, bevor die Gäste eintrafen.

Der Kaffeelöffel liegt parallel zum Tassengriff, und dieser zeigt nach rechts unten. Vergleicht man die Kaffeeuntertasse mit dem Ziffernblatt einer Uhr, so zeigt der Tassengriff auf 4 Uhr.

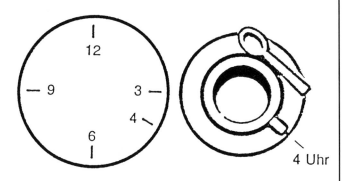

Abb. 363   Abb. 364

Tischdekoration:
Keine Spezielle.

Blumendekoration:
Kleine Vasen mit Schnittblumen oder kleine Trokkengestecke, z.B. Biedermeiersträuße.

Kerzendekoration:
Nicht üblich. In der kalten Jahreszeit aber durchaus möglich.

Servicebekleidung:
Dem Caféraum entsprechend oder schwarz/weiß.

Gästekleidung:
Bei Familienfeiern festlich, ansonsten Straßenanzug, leger.

Teilnehmer:
Alle geladenen Gäste bei Familienfeiern.
Alle Teilnehmer bei Busfahrten.

Sitzordnung:
Bei Familienfeiern Ehrengäste in der Mitte (vgl. Teil 3), sonst keine besondere Sitzordnung.

Musik:
Streichmusik, eventuell Stehgeiger, der von Tisch zu Tisch geht.

Ablauf:
Bei Familienfeiern stehen die Torten und Kuchen auf entsprechenden Platten in der Tischmitte. Jeder Gast bedient sich selbst. Ein kleines Kuchenbuffet ist möglich.
Bei kleineren Feiern suchen sich die Gäste am Kuchenbuffet die Torte aus und erhalten hierfür einen Bon, den sie der Bedienung abgeben. Die Bedienung serviert dann die Torte und die Getränke.
Bei Busreisen wird nach dem eben beschriebenen Muster verfahren.
Sind die Busreisenden eingeladen, kommt es vor, daß man jedem Teilnehmer bereits zwei Stücke Kuchen auf einen Teller stellt und diesen Teller direkt in das Couvert mit eindeckt.
Diese Regelung findet man besonders in Deutschland bei deutschen Gruppenreisen. Der Gast kann nicht wählen.

Sonstiges:
Sehr elegant ist es, mit einem Kuchenwagen an den Gästen vorbeizufahren. So haben die Gäste die komplette Auswahl, müssen aber nicht aufstehen und zu einem Kuchenbuffet zu laufen.
Bei großer Gästezahl ist mehr als eine Bedienung nötig. Außerdem muß der Getränkeservice auf den Kuchenservice eingestellt sein, damit es zu keinen unangenehmen Wartezeiten für die Gäste kommt.
In Österreich ist es in manchen Cafés üblich, daß die Serviertochter mit einem Tablett ausgesuchter Patisseriestückchen an den Tisch des Gastes herantritt.
In der Schweiz suchen sich die Gäste (bei kleineren Feiern oder Gruppen) die Patisserie am Kuchenbuffet aus, bezahlen sie dort sofort und nehmen sich die Teile selbst mit an den Tisch.

3. Geschäftsessen

Anlaß:
Zeit ist Geld! Deshalb nutzen viele Geschäftsleute die Möglichkeit, auch während einer Mahlzeit weiter über Geschäfte zu verhandeln. Oft wird man gerade während oder nach einer Mahl-

zeit einen Geschäftsabschluß herbeiführen können, da die Umgebung in einem Restaurant im Hinblick auf das abzuschließende Geschäft in der Regel neutraler ist, als in einem Büro. Die Atmosphäre ist ungezwungener – und mit „vollem" Bauch sagt man leichter „ja".

Zeitpunkt:
In der Regel zum Mittag. Aber auch ein Abendessen oder ein Frühstück läßt sich gut in ein Geschäftsessen umwandeln.

Ort:
Das Geschäftsessen kann in jedem beliebigen Restaurant serviert werden. Bevorzugt werden Restaurants oder Restaurantbereiche, in denen die Gäste ungestört sprechen können.

Personenzahl:
Meist eine kleinere Personengruppe ab zwei Personen aufwärts.

Raumdekoration:
Keine spezielle, dem Restaurant angepaßt.

Speisenfolge:
Man wählt speziell mittags leichte Kost. Dies kann mehrere Gründe haben: Zum einen müssen der Magen und der Darm nach dem Essen die Speisen verdauen. Das macht müde. Es ist äußerst ungünstig, wenn ein Geschäftsgespräch nach dem Essen weiterlaufen soll und die Teilnehmer auf Grund des schweren Essens schläfrig sind. Auf diese Art können sehr leicht falsche Entscheidungen getroffen werden.
Vom Gastgeber kann möglicherweise ein opulentes Essen mit Absicht gewählt werden, da er mit Recht darauf spekuliert, daß aufgrund der Trägheit schneller Verträge unterschrieben werden, da man – gesättigt – gerne „seine Ruhe haben möchte".
Zu empfehlen sind immer Salat bzw. Salatgerichte, Grilladen, Reis, Vollwertkost.
Man vermeidet deftige Speisen, Teigwaren, kalorienhaltige Saucen und voluminöse Desserts.

Menükarte:
Eine Menükarte kann gereicht werden, wenn das Geschäftsessen länger geplant wurde und nur ein Gericht serviert werden soll. Man paßt das Design der Menükarte nach Möglichkeit dem Anlaß an oder hält sie neutral.

Gerne werden die Firmenlogos der am Essen beteiligten Firmen auf den Menükarten abgebildet. Auch die Staatsfarben wären bei einem internationalen Geschäftsessen möglich.

Getränke:
Alle Getränke sind möglich.
Manche Geschäftspartner werden es tunlichst vermeiden, alkoholische Getränke zu sich zu nehmen, da sie befürchten müssen, unvorsichtiger zu werden. Mineralwasser und Säfte sind deshalb gerne gesehen, gerade am Mittag.

Tafelform:
Je nach Personenzahl rechteckiger Tisch oder runde Tafelform.

Tischwäsche:
Restauranttypische Tischwäsche, helle Farben, möglichst keine ablenkenden Muster.

Couverts:
Je nach Speisenfolge die üblichen Gedecke. Möglichst keine Spezialcouverts, damit man einen Gast nicht in Verlegenheit bringt, der möglicherweise mit dem unbekannten Besteck nicht umgehen kann.

Serviettenform:
Keine besondere.

Tischdekoration:
Hier sind der Phantasie keine Grenzen gesetzt. Handelt es sich um ein „normales" Geschäftsessen, d.h. es wurde keine förmliche Einladung verschickt, genügt die restaurantübliche Tischdekoration.
Bei einem vorbestellten Essen können Tisch- und Menükarten dem Anlaß bestens angepaßt werden. Die oben erwähnten Firmenlogos könnten sich in den Tischkarten wiederholen, Blumenschmuck kann in den Landesfarben gehalten werden usw.

Blumendekoration:
Blumengestecke dürfen von der Größe her nicht störend wirken, da sie sonst von den Gästen weggestellt werden. Daher, wenn überhaupt, kleine Gestecke oder Schnittpflanzen in Vasen wählen.
Bei größeren Essen und breiteren Tischen setzt man Blumendekoration ein. Man kann, wie be-

reits erwähnt, Blüten in Länderfarben oder Farben aus dem Firmenlogo verwenden oder entsprechende Blumenbänder.

Kerzendekoration:
Keine spezielle.

Servicekleidung:
Dem Restaurant angepaßt.

Gästekleidung:
In der Regel Anzüge.

Teilnehmer:
Nur eingeladene Geschäftspartner.

Sitzordnung:
Die Sitzordnung wird vom Gastgeber festgelegt. Es ist bei einem Geschäftsessen sehr wichtig, wer an welchem Platz sitzt.

Musik:
Keine spezielle.

Ablauf:
Die Gäste werden vom Personal bedient.

Sonstiges:
Das Service-Personal muß sich bei Geschäftsessen unbedingt immer zurückhalten. Es soll keine Gespräche mit den Gästen beginnen, da der Gastgeber mit seinem Geschäftsessen einen speziellen Zweck verfolgt und nicht von außen gestört werden will.
Das Personal muß mit dem Gastgeber möglichst vor dem Essen diskret abklären, wer die Rechnung bezahlt und ob sie möglicherweise zugeschickt wird.
Weiter hat es zu klären, ob Digestivs und Tabakwaren angeboten werden sollen.

4. Fondue-Essen

Unterscheidung:
Wir unterscheiden drei Hauptarten von Fondues:
1. Käsefondue
   Geschmolzener Käse wird in einem Fonduetopf gereicht.
   Dazu gibt es Brotwürfel von dunklem Brot. Das Gast taucht mit der Fonduegabel die Brotwürfel in den Käse, „dreht" Käse auf das Brot und ißt dann.
2. Fondue Bourguignonne
   Sogenanntes Fleischfondue. In einem Fonduetopf mit heißem Öl taucht man zuvor geschnittene Rindfleischwürfel. Das Fleisch wird in eine Sauce „gedippt" (Cocktailsauce, Mayonnaisensauce, Sauce Tartare usw.) und dann gegessen.
3. Fondue Chinoise
   Das gleiches Prinzip wie Fondue Bourguignonne. Anstelle des heißen Öls reicht man eine Geflügelbouillon, die nach dem eigentlichen Essen mit Sherryzusatz oder mit einem rohe Eigelb gegessen wird.
   Das Fleisch wird in sehr dünne Scheiben geschnitten. Um rohes Rindfleisch gut schneiden zu können, sollte es leicht angefroren sein.

Anlaß:
Einen speziellen Anlaß für ein Fondue-Essen gibt es nicht.

Zeitpunkt:
Bevorzugt wird der Abend, ganzjährig. Das Käsefondue allerdings nur in der kalten Jahreszeit.

Ort:
In einem geschlossenen Raum. Im Sommer auf der Terrasse möglich.

Personenzahl:
Ab 2 Personen.

Raumdekoration:
Rustikal, Holzbalken, Geräte, die zur Käseherstellung verwendet werden, schmiedeeiserne Geräte usw.
Bei Fondue Chinoise asiatische Dekoration möglich.

Speisenfolge:
Käsefondue:

Käsefondue, Brot

✶

Frische Ananas mit Kirschwasser
und Sahnehäubchen

Fondue Bourguignonne:

Fondue Bourguignonne
verschiedene Saucen
Kartoffelstäbchen (Pommes frites)
kleiner, gemischter Salat

Fondue Chinoise:

Fondue Chinoise
verschiedene Saucen
Kartoffelchips
kleiner, gemischter Salat

∗

Bouillon aus dem Fondue

Menükarte:
Keine.

Getränke:
Das ideale Getränk zum Käsefondue ist ein Schweizer Weißwein, und zwar der herbe Fendant. Zum Fondue Bourguignonne am besten einen Rotwein, zum Chinoise einen gut gekühlten Roséwein oder einen Rotwein.

Tafelform:
Für zwei Personen einen quadratischen Tisch.

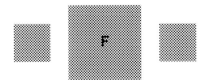

Abb. 365

Für drei Personen einen rechteckigen Tisch.

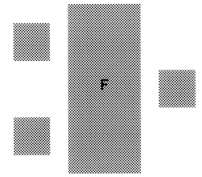

Abb. 366

Für vier Personen einen rechteckigen Tisch.

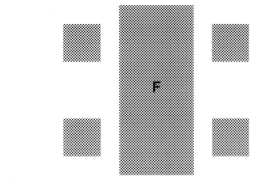

Abb. 367

Bei fünf bis sieben Personen einen runden Tisch.

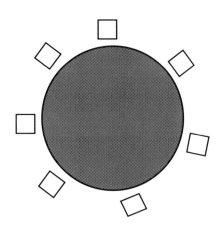

Abb. 368

Ab acht Personen zusammengestellte, rechteckige Tische.

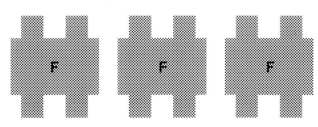

Abb. 369

Ab 8 Personen: je 1 Topf pro 4 Gästen.

Tischwäsche:
Je nach Raumausstattung und Tischart entweder keine Tischwäsche, Stoffsets oder bunte Tischtücher.

Couverts:
Beim Käsefondue wird neben einer flachen Serviettenform lediglich die Fonduegabel und ein

Weinglas eingedeckt. Das Besteck zum Dessert wird nachgereicht oder schon eingedeckt.

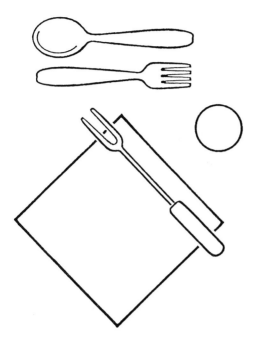

Abb. 370

Beim Fleischfondue gibt es neben der flachen Serviette, der Fonduegabel und dem Weinglas ein Hauptmesser und eine Hauptgabel. Der Fondueteller, der in verschiedene Bereiche unterteilt ist, kann ebenfalls bereits eingedeckt sein oder wird nachgereicht, sobald der Gast seinen Platz eingenommen hat.
Für das Chinesische Fondue gilt das gleiche Couvert wie beim Fleischfondue. Es kommt lediglich ein Suppenlöffel für die Bouillon dazu. Dieser Suppenlöffel wird wie ein Dessertlöffel eingedeckt.

Abb. 371

Tischdekoration:
Keine.

Blumendekoration:
Keine.

Kerzendekoration:
Sofern platzmäßig möglich, sonst lieber auf Kerzen verzichten, da doch sehr viel Platz für das Fondue beansprucht wird.

Servicebekleidung:
Käsefondue: Schweizer Sennjacken.
Fleischfondue: schwarz/weiß oder dem Betrieb entsprechend
Fondue Chinoise: Westen mit asiatischen Motiven.

Gästekleidung:
Leger, Straßenkleidung.

Teilnehmer:
Jeder.

Sitzordnung:
Keine vorgeschriebene Sitzordnung.

Musik:
Bei Käsefondue: Schweizer Musik, Bergmusik.
Bei Fondue Bourguignonne: Klassische Musik.
Bei Fondue Chinoise: Asiatische Musik oder Klassik.

Ablauf:
Wie schon zu Beginn dieses Kapitels beschrieben, erhält der Gast in einem speziellen Fonduetopf den geschmolzenen Käse bzw. das heiße Öl oder die Bouillon.

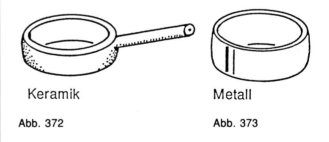

Keramik Metall
Abb. 372 Abb. 373

Mit der langgezogenen Fonduegabel piekt der Gast das Fleischstück bzw. den Brotwürfel auf und taucht diese dann in den Topfinhalt. Damit die Gäste die Gabeln nicht untereinander vertauschen, sind die Gabeln meist durch einen farbigen Punkt am Griffende gekennzeichnet.

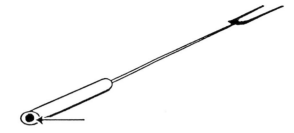

Abb. 374

Sonstiges:
Ein Fondue ist besonders beliebt, wenn mehrere Personen zusammen essen. Wie vorher beschrieben, bedienen sich mehrere Personen aus dem gleichen Fonduetopf.
Es ist darauf zu achten, daß das Fondue, speziell Käsefondue, einen starken Eigengeruch entwickelt, und somit das komplette Restaurant nach Fondue riecht. Sollte im gleichen Raum nur Fondue serviert werden, so ist dies kein Problem. Im anderen Fall kann es zu Unannehmlichkeiten für die anderen Gäste kommen.

5. Raclette

Anlaß:
Kein besonderer Anlaß notwendig.

Zeitpunkt:
Abends.

Ort:
Rustikaler, geschlossener Raum.

Personenzahl:
Ab 2 Personen.

Raumdekoration:
Rustikale Raumdekoration, Bilder von Käseherstellung. Alte Geräte der Käseherstellung; alles, was auf Käse abzielt.

Speisenfolge:
Raclette (geschmolzener Käse)
Pellkartoffeln
Gewürzgürkchen
Silberzwiebeln

Menükarte:
Keine.

Getränke:
Schweizer Weißwein.

Tafelform:
Rustikale Einzeltische.

Tischwäsche:
Bei rustikalen Tischen mit entsprechender Tischplatte ist keine Tischwäsche nötig. Ansonsten Tischtücher mit Schweizer Motiven.

Couverts:
Man deckt lediglich ein Haupt- oder Mittelbesteck mit scharfer Klinge ein. Es passen sehr gut Bestecke mit Holzgriffen. Dazu kommt ein Weinglas und eine Serviette.

Serviettenform:
Stehende Form.
Es empfiehlt sich eine stehende Form (z.B. „Hut"), da das Couvert mit nur zwei Besteckteilen etwas „dürftig" aussieht.

Tischdekoration:
Entfällt.

Blumendekoration:
Keine Blumendekoration.

Kerzendekoration:
Stumpenkerzen auf schmiedeeisernen Haltern.

Servicebekleidung:
Bedienungsangestellte mit Schweizer Senn-Jacken.

Gästekleidung:
Leger bis elegant.

Teilnehmer:
Jeder.

Sitzordnung:
Beliebig.

Musik:
Alphornbläser, Schweizer Musik.

Ablauf:
Die Gäste erhalten nach dem Platznehmen einen numerierten Teller mit einer Portion geschmolzenem Raclette-Käse.

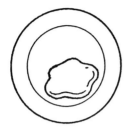

Abb. 375

Dazu werden ihnen in einem mit Stoff ausgekleideten Korb Pellkartoffeln gereicht.
Der Gast nimmt sich mit seinem Besteck eine Kartoffel auf den Teller und ißt diese m i t der Schale. Gewürzgurken und Silberzwiebeln stehen ebenfalls in Schälchen auf dem Tisch.
Der Gast bestellt sich beliebig oft Raclette nach („a gogo") oder aber nur 1 Portion. Da sein Teller numeriert ist, erhält er im Fall des Nachservice immer wieder seinen eigenen Teller zurück. Das Verwechseln von Tellern durch die Service-Mitarbeiter ist so fast ausgeschlossen.
Zwecks Verdauungshilfe reicht man gerne nach dem Raclette-Essen einen sogenannten Kirsch, ein Kirschwasser.

Sonstiges:
Der Raclette-Käse ist ein spezieller Schweizer-Käse, der leicht schmilzt. Das Käserad wird halbiert und mit der aufgeschnittenen Seite zur Hitze hin in den Raclette-Ofen geklemmt oder gegen glühendes Holzkohlenfeuer gehalten.

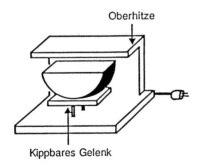

Abb. 376

Sobald eine Schicht Käse geschmolzen ist, wird das Käserad gekippt und der geschmolzene Käse sowie die Rinde mit dem Messer auf den Gästeteller abgezogen. Die Rinde kann mitgegessen werden.

Abb. 377

Der Käse liegt sehr schwer im Magen, und daher wird diese Mahlzeit nicht gerne an warmen Tagen gegessen.

6. Wildessen

Anlaß:
Geschäftsessen oder Familienfeiern.

Zeitpunkt:
Zur Wildzeit im Herbst.

Ort:
Innenraum. Rustikal eingerichtetes Restaurant.

Personenzahl:
Ab ca. 5 Personen.

Raumdekoration:
Geweihe, Jagdgewehre, ausgestopfte heimische Jagdbeute, ausgestopfte Vögel.

Speisenfolge:
Ein Menü, wobei in jedem Gang eine Wildspeise vorkommt.

Wildpastete
Wildgeflügelsuppe
Wildschweinrücken
Rehmedaillons
usw.

Menükarte:
Karte mit rustikalem Einband. Zeichnungen vom Wild finden sich auf dem Karteneinband, aber auch im Inneren wieder.

Getränke:
Rotweine, Kräuterliköre.

Tafelform:
Je nach Personenzahl. Am besten Doppelblock.

Tischwäsche:
Grüne Tischtücher oder Tischwäsche aus festerem Material mit Jagdmotiven.
Weiter ist möglich: weiße Tischwäsche mit Tischläufer mit Jagdmotiven.

Couverts:
Je nach Menü. Die Bestecke z.B. mit Hirschhorngriffen.

Serviettenform:
Eine hochstehende Form, z.B. einen Hut, der auf einen Jägerhut hindeutet oder möglicherweise ein Pfeiler, der auf ein Wurfgeschoß hinweist.

Tischdekoration:
Tischläufer mit Jagdmotiven.
Menagen aus Holz.
Kerzenleuchter aus Geweihen.
Kleine, ausgestopfte Wildtiere.
Laub.

Blumendekoration:
Herbstblumen, Trockengestecke oder Herbstlaub.

Kerzendekoration:
Wie schon erwähnt, Kerzenleuchter aus Geweihen oder Geweihnachbildungen. Windlichter mit imitiertem oder echt geschnitztem Holzfuß.

Servicebekleidung:
Nach Möglichkeit mit grünen Westen.

Gästekleidung:
Straßenanzug, elegant, Jagduniform.

Teilnehmer:
Nur geladene Gäste.

Sitzordnung:
Nach Anweisung des Gastgebers.

Musik:
Jagdhornbläser, Bläserchor.

Ablauf:
Das Menü wird wie jedes andere Menü serviert.

Sonstiges:
–.–

7. Rittergelage

Anlaß:
Kein spezieller Anlaß, Familienfeiern, Betriebsfeiern usw.

Zeitpunkt:
Ganzjährig, vorzugsweise abends.

Ort:
In einem Gewölbekeller.

Personenzahl:
Ab ca. 20 Personen.

Raumdekoration:
Ritterrüstungen, Armbrust, alte Waffen, Gewölbekeller.

Speisenfolge:

Fladenbrot
Griebenschmalz
Schweinekeule
Spanferkel
Wildschweinbraten

Menükarte:

Abb. 378

Getränke:
Bier, Wein, Met.
Es wird aus Silber- oder Tonbechern gemeinsam zugeprostet.
Zwischendurch reicht man Mineralwasser in metallenen Bechern, um die Aufnahmefähigkeit beim Essen zu erhöhen. Der ausgetrunkene Becher wird vom Gast über die Schulter hinweg auf den Boden geworfen.

Tafelform:
Je nach Personenzahl sehr langer Block.

Tischwäsche:
Keine. Man sollte Tische mit rustikaler Tischplatte wählen. Eventuell Tischsets.

Couverts:
Lediglich einen scharfen Dolch und ein Trinkgefäß.

Abb. 379

Serviettenform:
Keine Serviette. Der Gast erhält eine große, z.B. karierte Mundserviette um den Hals gebunden.

Tischdekoration:
Keine.

Blumendekoration:
Keine.

Kerzendekoration:
Nicht auf den Tischen, aber unter Umständen in großen Haltern an der Wand.

Servicebekleidung:
Pagenkleidung aus dem Mittelalter.

Gästekleidung:
Rustikal, leger.

Teilnehmer:
Jeder.

Sitzordnung:
Beliebig.
Nur der Vorkoster sitzt am Kopfende.

Musik:
Trommler, stilechte Musikanten.

Ablauf:
Sobald alle Gäste Platz genommen haben, werden die Getränke serviert. Danach bringen zwei Köche auf großen Platten die Speisen in den Raum. Der Vorkoster (ein Gast), der am Kopfende sitzt, probiert jede Speise, erst dann wird den anderen Gästen serviert.
Gibt es einen offenen Kamin im Raum, kann man zumindest einen Teil der Gerichte dort zubereiten.

Sonstiges:
Die Gäste essen nur mit den Fingern und mit dem Dolch. Sogar bei einer Suppe muß die Einlage auf diese Weise herausgefischt werden.
Abgenagte Knochen werden über die Schulter auf den Boden geworfen.
Ein Trommler sorgt zwischendrin mit lauten Trommelschlägen für etwas Ruhe oder kündigt einen neuen Gang an.
Es versteht sich von selbst, daß bei solch einem Essen Tischmanieren keine Rücksicht mehr finden. Entsprechend lautstark wird es zugehen, und entsprechend wird der Raum später aussehen. Zur zusätzlichen Unterhaltung könnten angeboten werden:
- Armbrustschießen
- Nageln
- Pfeilwerfen
- Fingerln

8. Barbeque

(auch Bar-B-Q abgekürzt oder Barbecue)

Anlaß:
Mehrere Gäste sind aus einem gesellschaftlichen Anlaß zu einem Barbeque geladen. Das Barbeque findet immer im Freien statt.

Es kann den Hotelgästen auch im Rahmen einer Teil- oder Vollpension angeboten werden.

Zeitpunkt:
Ganztägig, während der warmen Monate.

Ort:
Im Freien, auf einer Terrasse oder im Garten.

Personenzahl:
Ab etwa 30 Personen.

Raumdekoration:
Der Platz wird mit bunten Glühlampen eingegrenzt und erleuchtet. Auf dem Bild sieht man links ein Buffet, rechts einen Grill aufgebaut.

Abb. 380

Die Buffets oder die Salatbuffets können kunstvoll bespannt werden.

Speisenfolge:
Grilladen aller Art, wie Rib-eye, Steaks, Würstchen, Koteletts usw.
Salate vom Buffet.
Grilladen vom Holzkohlengrill.

Menükarte:
Keine.

Getränke:
Alle Getränke sind möglich, Bier oder leichte Weine zu empfehlen.

Tafelform:
Je nach Personenzahl stellt man gerne eine zusammenhängende, aber doch aufgelockerte Tafelform, z.B. die „Bermudas-Garten-Form".

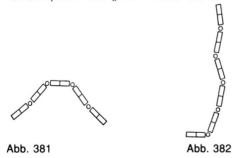

Abb. 381   Abb. 382

Diese Tafelform eignet sich auch hervorragend als Buffet für die Salate bei einer großen Gästezahl.

Tischwäsche:
Im Freien sind Papiertischtücher möglich.

Couverts:
Hier gibt es eine große Bandbreite an Möglichkeiten. Je nach dem, ob Besteck oder bestimmte Besteckteile auf dem Buffet liegen, wird das Couvert weniger oder umfangreicher aufgedeckt. Ein Brotteller ist bei einem Barbeque nicht unbedingt notwendig.

Serviettenform:
Bei Stoffservietten wählt man eine feste, stehende Form, die nicht so leicht umfallen kann (Gäste stehen auf, Windstöße usw.)
Bei Papierservietten wählt man ein flache Form, die sich unter ein Besteckteil klemmen läßt.

Tischdekoration:
Bunte Windlichter. Bunte Glühlampen hängen über den Tischen.

Blumendekoration:
Keine, eventuell kleine Blumengestecke.

Kerzendekoration:
Windlichter wie oben beschrieben.

Servicebekleidung:
Je nach Tageszeit, schwarz/weiß oder noch eleganter.

Gästekleidung:
Elegant bis Smoking.

Teilnehmer:
Nur geladene Gäste oder Gäste, die das Arrangement gebucht haben.

Sitzordnung:
Entsprechend der Anordnung des Gastgebers oder frei wählbar.

Musik:
Tanzkapelle.

Ablauf:
Die Gäste versorgen sich selbst mit den Speisen.

Der Service achtet nur darauf, die benutzten Teller abzuräumen und Getränke zu servieren.

Sonstiges:
Das Barbeque erfreut sich immer größerer Beliebtheit. Trotz des eleganten Rahmens kann sich der Gast ziemlich frei bewegen und das essen, was er gerne wünscht. Auch lassen sich „Geschäftsgespräche" ganz nebenbei führen und Kontakte viel schneller knüpfen.
Es ist durchaus denkbar, daß komplette Buffets als Barbeque angeboten werden.
Je nach Anlaß könnte eine Show während des Essens den Rahmen abrunden.

9. Candle-Light-Dinner

Anlaß:
Besonders eleganter Abend.

Zeitpunkt:
Ganzjährig möglich. An einem speziellen Abend in der Woche pflegen viele Restaurants der gehobenen Klasse ein Abendessen bei Kerzenschein anzubieten. Man tut dies gerne in einem separaten Speisesaal, wo alle anwesenden Gäste an diesem Candle-Light-Dinner teilnehmen. An diesem Abend wird kein à-la-carte serviert.

Ort:
Geschlossener Raum, Restaurant der gehobenen Klasse.

Personenzahl:
Mindestens ab 10 Personen.

Raumdekoration:
Der Raum wird abgedunkelt, Vorhänge werden zugezogen. Viele Kerzen sind an den Wänden angebracht sowie auf allen Tischen. Ein Raum mit größerer Spiegelwand erhöht den optischen Reiz. Möglichstkeine künstliche Beleuchtung oder wenigstens gedimmt.

Speisenfolge:
Kleinstes Menü: Vorspeise
Suppe
Hauptgang
Dessert

Französische Küche.
Beispiel eines etwas umfangreicheren Menüs:

Rauchlachs auf gebuttertem Toast
Sahnemeerrettich
Gartendill

*

Geflügelkraftbrühe
mit
Gemüseeinlage

*

Zartes Kalbssteak vom Grill
Frischer Spargel
Sauce Hollandaise
Neue Kartoffeln

*

Sorbetplatte mit
Erdbeeren, Kiwi, Banane

*

Feingebäck

*

Mokka

Abb. 383

Menükarte:
Absolut notwendig. Feine Menükarten, dem Rahmen angepaßt. Der Text muß groß genug geschrieben sein, damit man auch bei der schwachen Beleuchtung noch lesen kann.

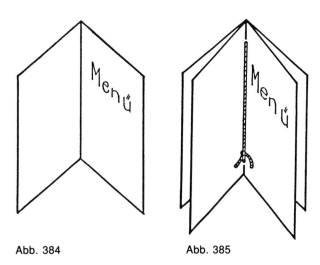

Abb. 384   Abb. 385

In Abb 384 sehen wir eine doppelte DIN-A-5 Menükarte, in deren Innenseite rechts das Menü eingedruckt ist. Links auf der Seite stehen Weinempfehlungen.
Eine weitere Möglichkeit sieht man auf Abb. 385, wo in gleichem Menürahmen ein gefaltetes DIN-A-4 Blatt gesteckt ist. Dieses Blatt wird bedruckt. Der Umschlag ist häufiger zu verwenden und kann damit aufwendiger erstellt werden. Das innere Blatt wird durch eine dünne Kordel gehalten.

Getränke:
Passende französische Weiß- und Rotweine.

Tafelform:
Einzeltische, je nach Anzahl der Gäste. Die Gäste werden individuell bedient, sonst Lawinen-Service.

Tischwäsche:
Dem Raum angepaßt, am besten aber weiß.

Couverts:
Festliches Silberbesteck.

Serviettenform:
Dem Rahmen angepaßt, festlich wirkende Serviettenform.

Tischdekoration:
Keine zusätzliche Tischdekoration außer Kerzen.

Blumendekoration:
Festliche Blumengestecke.

Kerzendekoration:
Mindestens eine lange Kerze in einem dekorativen Kerzenhalter pro Tisch.

Servicebekleidung:
Schwarz/weiß.

Gästekleidung:
Festlich oder Smoking.

Teilnehmer:
Alle Gäste, die das Arrangement gebucht haben.

Sitzordnung:
Individuell. Bei größeren Tafeln Damen und Herren abwechselnd.

Musik:
Klassische Musik im Hintergrund.

Ablauf:
Bevor die Gäste den Saal betreten, werden alle Kerzen angezündet. Das Kerzenlicht spiegelt sich in eventuell vorhandenen Spiegelwänden wieder. Die Musik spielt bereits, wenn die Gäste den Raum betreten.
Sobald alle Gäste Platz genommen und ihre Getränke erhalten haben, wird das Menü individuell oder in Art eines Lawinen-Service serviert.

Sonstiges:
Candle-Light-Dinner ist auch für Gruppen oder Gästepaare möglich. Der Service erfolgt dann individuell und unabhängig von den anderen Gästen.

10. Schaffermahlzeit

Anlaß:
Nach Öffnung des Flusses „Weser" geben die Kaufleute und Kapitäne in Bremen ein Abschiedsmahl, bevor sie ihrer Arbeit nachgehen, d.h. in See stechen. Vor dem Abschiedessen im Haus Seefahrt findet die sogenannte Rechnungsablage statt.

Zeitpunkt:
Vor Mitte Februar. Rechnungsablage am Dienstag und Schaffermahlzeit drei Tage später, also

am Freitag, und zwar am zweiten Freitag im Monat Februar.

Ort:
Obere Halle des Alten Rathauses in Bremen.

Personenzahl:
Ca. 300 Personen.

Raumdekoration:
An der Saaldecke hängt ein großes Modell eines Segelschiffes.

Speisenfolge:

Hühnersuppe
Stockfisch
Kohl und Pinkel mit Rauchfleisch
Braten
Kompott
Wurst und Käse

Menükarte:

Abb. 386

Getränke:
Eigens für diesen Tag gebrautes, dicklich süßes Seefahrerbier, Schafferwein.
Geöffnete Weinflaschen werden auf dem Tisch eingesetzt.

Tafelform:
Die Tafelform ist dem Dreizack Neptuns nachempfunden.
A = Kopftisch

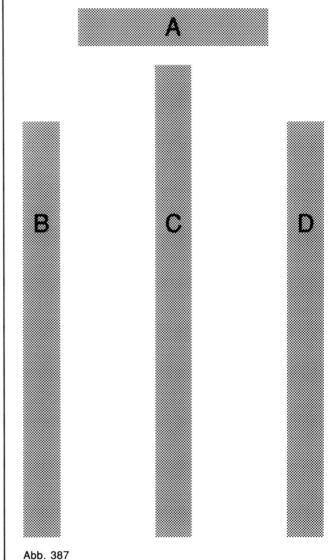

Abb. 387

Tischwäsche:
Weiße Tischwäsche.

Couverts:
Hauptmesser- und Gabel, Suppenlöffel, Dessertlöffel, Weinglas und Silberhumpen für das Seefahrerbier.

Teil 4 Verschiedene Bankettarten 125

Abb. 388

Serviettenform:
Einfach zusammengelegte Serviette unter der Menükarte.

Tischdekoration:
Modelle alter Segelschiffe.

Blumendekoration:
Große Blumengestecke, z.B. blühende Azaleen.

Kerzendekoration:
Silberleuchter auf den Tischen, Kronleuchter an der Decke.

Servicebekleidung:
Schwarz.

Gästekleidung:
Frack.

Teilnehmer:
Nur geladene Gäste, z.B.:
- Fremde, die mit Bremen Handel treiben oder sich für Bremens Handel und Verkehr interessieren
- Vertreter von Bundesbehörden
- k e i n e Bremer
- nur Herren, die Damen sitzen in einem Extraraum zum Essen

Jeder Gast kann nur einmal in seinem Leben teilnehmen.

Sitzordnung

Musik:
Wagnermusik, die für die Gäste „unsichtbar" gespielt wird.

Ablauf:
Um 15.00 Uhr am o.a. Freitag läßt der verwaltende Vorsteher folgenden traditionellen Ruf erklingen:
„Schaffen, Schaffen unnen und boven, unnen und boven Schaffen."
Danach betreten die Gäste den Saal, um sich an ihren Platz zu begeben.
Während des Essens werden mehrere Reden gehalten, die erste vom Ehrengast, dann drei Reden der jeweiligen Schaffer. Jede Rede wird von allen anwesenden Gäste mit einem „hepp, hepp, hepp, hurra" beendet.

Sonstiges:
Es wird Tabak aus speziellen Tonpfeifen geraucht.

Beispiel der 442. Schaffermahlzeit 1986:

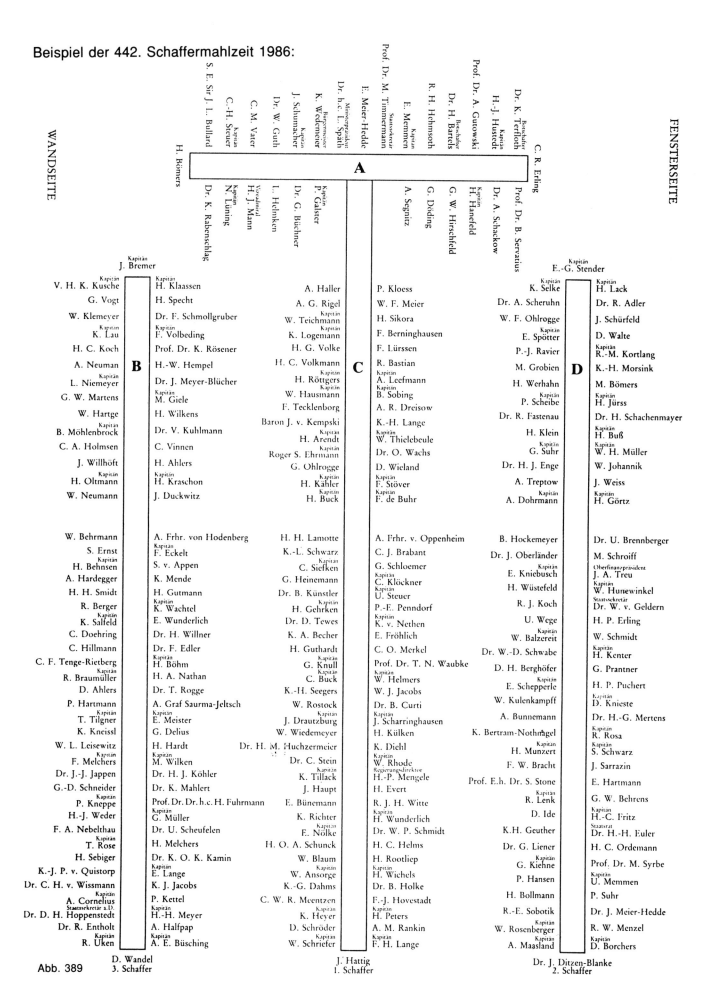

Abb. 389

Teil 4 Verschiedene Bankettarten

11. Fürstliches Mahl

Anlaß:
Kein spezieller Anlaß nötig.

Zeitpunkt:
Ganzjährig abends möglich.

Ort:
Festlicher Saal oder Raum in einem Restaurant der gehobenen Klasse.

Personenzahl:
Ab ca. 30 Personen.

Raumdekoration:
Festlich, Kerzen, Blumen.

Speisenfolge:
Meist mehrgängiges Menü der französischen Küche.

Menükarte:
Auf sehr feinem Papier gedruckt.

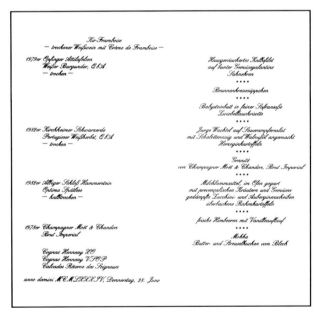

Abb. 390

Getränke:
Nach einem Apéritiv erlesene Weine und Champagner.

Tafelform:
Langer Block oder Billardform mit runden Tischen.

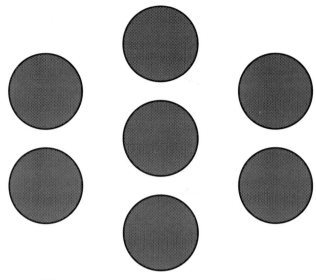

Abb. 391

Es werden gerne 6er- oder 8er Tische verwendet.

Tischwäsche:
Weiße Tischwäsche.

Couverts:
Großes Couvert mit Silberbestecken.
Drei oder vier Wein- bzw. Sektgläser können eingedeckt werden.

Abb. 392

Serviettenform:
Dekorative Serviettenform, zum Beispiel ein dreifacher Fächer mit Doppelspitzen.

Tischdekoration:
Kerzen, Blumen, Nippesfiguren, künstlicher Springbrunnen usw.

Blumendekoration:
Großartige Blumengestecke, farblich an der Raumdekoration orientiert.

Kerzendekoration:
In silbernen oder goldenen Kerzenhaltern.

Servicebekleidung:
Im Barock-Stil.

Gästekleidung:
Smoking.

Teilnehmer:
Jeder bzw. alle zu diesem Anlaß geladenen Gäste.

Sitzordnung:
Partner nebeneinander oder „getauscht".

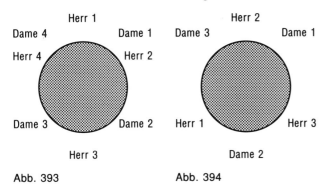

Abb. 393 — Abb. 394

Musik:
Musik von Mozart, Bach usw.
Kleines Orchester in passender Uniform.

Ablauf:
Nach einem Sektempfang gehen die Gäste zu den Tischen und nehmen dort hinter ihren Stühlen Aufstellung. Sobald alle Tischpartner anwesend sind, nehmen die Gäste Platz. Sodann beginnt der Service.

Sonstiges:
Ein Menü dieser Art soll einen besonders festlichen Rahmen ausdrücken. Deshalb muß besonders hier ein sehr sorgfältiger und aufmerksamer Service erfolgen.

12. Logen-Essen

Anlaß:
Aus Anlaß bestimmter Beförderungen oder sonstigen Gründen kann ein Logenessen stattfinden.

Zeitpunkt:
Ganzjährig, mittags bis abends.

Ort:
In einem geschlossenen Raum, der von außen nicht einzusehen ist.

Personenzahl:
Ab ca. 20 Personen.

Raumdekoration:
Keine.

Speisenfolge:
Einfaches Menü.

Suppe

✻

Hauptgang

✻

Dessert

Menükarte:
Einfache Menükarte.

Getränke:
Logen-Weine. Zwei Sorten Wein. Die Weinflaschen werden bereits geöffnet auf die Tafel gestellt. Und zwar auf dem dort aufgelegten Band.

Tafelform:
Je nach Personenzahl eine U-Form oder eine E-Form.

Abb. 395

Tischwäsche:
Je nach Betrieb.

Teil 4 Verschiedene Bankettarten

Couverts:
Einfaches Couvert. Hauptmesser, Hauptgabel, Suppenlöffel und Dessertlöffel. Dazu ein Weinglas.

Serviettenform:
Keine besondere Form, jede Art möglich.

Tischdekoration:
Ein blaues Logenband wird in der Mitte der Tafel ausgelegt. Das Band soll die Zusammengehörigkeit der Logen-Brüder demonstrieren.
Die Gläser und die Flaschen müssen auf diesem Band stehen.

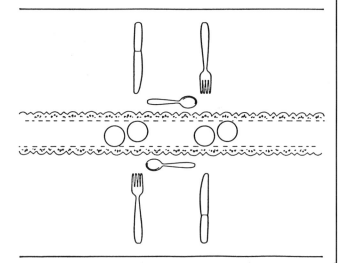

Abb. 396

Blumendekoration:
Keine spezielle Blumendekoration. Kleine Gestecke oder kleine Schnittblumen in Vasen sind möglich.

Kerzendekoration:
Möglich.

Servicebekleidung:
Betriebsabhängig.

Gästekleidung:
Spezielle Logen-Kleidung.

Teilnehmer:
Nur geladene Gäste der Loge. Nur Herren.

Sitzordnung:
Jeder Gast erhält mit seiner Einladung einen Tafelplan, auf dem die Platznummern notiert sind.

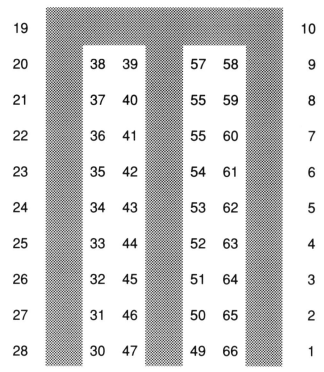

Abb. 397

Diese Nummer findet der Gast an seinem jeweiligen Couvert wieder.

Abb. 398

Musik:
Keine.

Ablauf:
Logenintern. Zwischen den Gängen werden Reden gehalten. Tellerservice. Der Service muß schnell geschehen. Kein Getränke-/Wein-Service. Die Gäste versorgen sich mit den Getränken selbst.

Sonstiges:
Während des Essens möchten die Teilnehmer durch niemanden gestört werden, also auch nicht durch Service-Personal. Aus diesem Grund hat, sobald die Teller eingesetzt sind, das Personal den Raum zu verlassen und die Tür zu schließen. Ein Teilnehmer der Loge wird dann jeweils Bescheid geben, wann mit dem Service fortgefahren werden kann.

13. Buffet

Anlaß:
Die Anlässe zu einem Buffet sind sehr vielfältig.

Zeitpunkt:
Buffets sind ganzjährig mittags und abends möglich.

Ort:
Meistens in einem geschlossenen Raum. Bei sehr gutem Wetter auch auf der Terrasse möglich.

Personenzahl:
Erst ab 20 bis 25 Personen wird ein Buffet rentabel.

Raumdekoration:
Keine spezielle Raumdekoration.

Speisenfolge:
Auf dem kalt-warmen Buffet findet man:

> kalte Vorspeisen
> warme Vorspeisen
> kalte Hauptgerichte
> warme Hauptgerichte
> Suppen
> Käse
> Obst
> Desserts

Menükarte:
Eine spezielle Menükarte ist nicht notwendig.

Getränke:
Bier, leichte Weine.

Tafelform:
Ganz individuell, je nach Anlaß und Personenzahl.

Tischwäsche:
Individuell.

Couverts:
Man deckt meistens das Couvert für ein 4-Gang-Menü ein, dazu zwei Weingläser.

Abb. 399

Serviettenform:
Eine stehende Serviettenform, z.B. einen Hut.

Blumendekoration:
Individuell, kleine Gestecke, kleinere Schnittblumen.

Kerzendekoration:
Abends ja.

Servicebekleidung:
Dem Hause angepaßt.

Gästekleidung:
Leger bis Abendanzug.

Teilnehmer:
Jeder bzw. jeder geladene Gast.

Sitzordnung:
Individuell.

Musik:
Von der Art des Buffets abhängig.

Ablauf:
Jeder Gast bedient sich vom Buffet selbst. Bei Gruppenreisenden ist es möglich, daß man den

Teil 4 Verschiedene Bankettarten

Gästen erst eine Suppe serviert und die Gäste sodann zum Buffet gehen können.

Sonstiges:
Beim Aufbau des Buffets achtet man darauf, daß keine Ein- oder Zugänge versperrt werden. Das Buffet von muß jedem Gast problemlos erreicht werden. Da sich Schlangen bilden können, sollen die Buffets so stehen, daß auch diese Schlangen keine wichtigen Zugänge verstellen.
Der Trend bewegt sich hin zu aufgesplitteten Buffets:

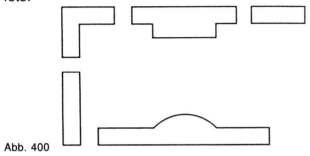
Abb. 400

14. Hochzeitsessen

Anlaß:
Hochzeit.

Zeitpunkt:
Ganzjährig.

Ort:
Geschlossener Raum.

Personenzahl:
Ab 6 Personen.

Raumdekoration:
Unter der Eingangstür hängt ein Mistelzweig. Der Weg zur Tafel ist beiderseitig mit Blumen ausdekoriert.

Speisenfolge:
Meistens mindestens ein 4-Gang-Menü mit
Vorspeise
✴
Suppe
Hauptgang
✴
Dessert

Menükarte:
Auf der Menükarte, die auf feines Papier gedruckt ist, findet man immer wieder das Symbol der sich überschneidenden Ringe.

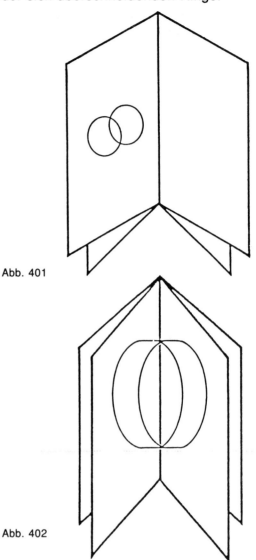
Abb. 401

Abb. 402

Getränke:
Wein, Sekt, Champagner.

Tafelform:
Je nach Personenzahl U-Form, E-Form, T-Form. Hier die E-Form:

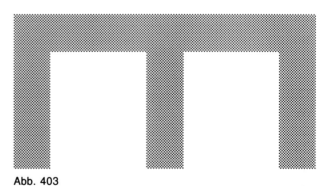
Abb. 403

Die Ehrengäste sitzen am Kopftisch, das Hochzeitspaar in der Mitte am Kopftisch.

Abb. 404

Sind nicht allzu viele Hochzeitsgäste anwesend, so werden nur die Außenschenkel einer U-Form besetzt.
Innerhalb der beiden Tafel-Schenkel kann ein kleiner Tisch stehen, auf dem die Hochzeitstorte geschnitten wird. Aber auch hier ist es möglich, daß die Hochzeitstorte am Kopftisch direkt vor dem Brautpaar eingesetzt wird.

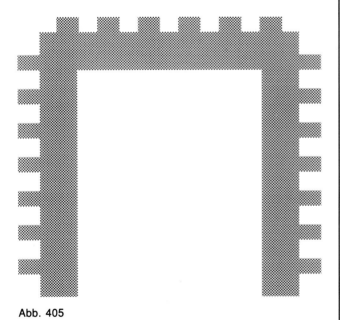

Abb. 405

Tischwäsche:
Weiße Tischwäsche und weiße Servietten.

Couverts:
Richtet sich nach der Menüfolge, aber gewöhnlich so:

Abb. 406

Silberbesteck – bei goldener Hochzeit für das Brautpaar goldenes Besteck.

Serviettenform:
Eine dekorative, stehende Serviettenform.

Tischdekoration:
Ein Spitzenband kann auf der Tafel gespannt sein. Das Band läuft dann in der Mitte der Tafel entlang.
Am Tischende läuft das Band aus und kann dort mit kleinen Blumen dekoriert werden.

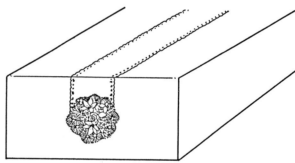

Abb. 407

Auf den Tischchen stehen bei allen Gedecken die Tischkärtchen mit den Namen der dort sitzenden Gäste.

Blumendekoration:
Z.B. rote Rosen und Schleierkraut oder Blumengestecke, deren Farbe dem Brautkleid angepaßt ist.

Kerzendekoration:
Die Farben der Kerzen müssen denen der Blumen entsprechen.

Bei silberner oder goldener Hochzeit sind die Kerzen silber- bzw. goldfarbig.

Servicebekleidung:
Schwarz/weiß.

Gästekleidung:
Sehr festlich.

Teilnehmer:
Alle eingeladenen Gäste.

Sitzordnung:
Neben dem Brautpaar am Kopftisch sitzen die Brauteltern, daneben die Großeltern. Die anderen Verwandten sitzen an den Schenkeln der Tafel.

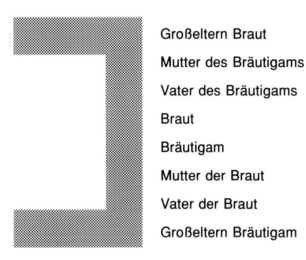

- Großeltern Braut
- Mutter des Bräutigams
- Vater des Bräutigams
- Braut
- Bräutigam
- Mutter der Braut
- Vater der Braut
- Großeltern Bräutigam

Abb. 408

Musik:
Alleinunterhalter oder Kapelle, die später zum Tanz aufspielt.

Ablauf:
Bevor die Gäste das Restaurant betreten, überreicht der Hotelier dem Brautpaar je ein Glas Sekt oder Champagner. In manchen Teilen Deutschlands ist es üblich, daß er zusätzlich Salz in einem Töpfchen reicht („immer Geld", bedeutet das), und einige Reiskörner über das Brautpaar streut (soll bedeuten: „Damit Ihr immer etwas zu essen habt").
Kinder, als „Engelchen" verkleidet, streuen Blumen. Das Brautpaar, gefolgt von Trauzeugen und Eltern, betreten das Restaurant. Nach einem Apéritiv nimmt man Platz.

Die Getränke werden serviert, der Brautvater hält eine Rede, worauf alle Gäste zum gemeinsamen Anstoßen bzw. Zuprosten aufstehen.
Danach beginnt der Essens-Service.
Je nachdem, ob das Essen mittags oder abends stattfindet, wird vor- oder nachher die Hochzeitstorte serviert. Diese wird auf dem Extratisch in der Tafelmitte gestellt und gemeinsam von Braut und Bräutigam angeschnitten.

Sonstiges:
Geschenke werden am Eingang zum Festsaal auf einem speziellen Tisch abgelegt und dort später vom Brautpaar geöffnet.
Die Brautblumen werden vom Service entgegengenommen, in eine Vase gestellt und dann vor dem Couvert der Braut eingesetzt.
Die Kerze, die die „Engelchen" getragen haben, wird auf dem Tisch zwischen die beiden Couverts des Brautpaares gestellt.
Der Gesamtablauf ist regional sehr verschieden. Der Hotelier wird vorher immer ausführlich mit den Brautleuten besprechen, wie der Gesamtablauf stattfinden soll, damit alle Wünsche richtig erfüllt werden.

15. Silvester-Menü

Anlaß:
Jahreswechsel.

Zeitpunkt:
Am 31.12. jeden Jahres, ca. ab 19.00 Uhr.

Ort:
Geschlossener Raum. Je nach Umfang und geladenen Gästen in mehreren Räumen.

Personenzahl:
Ab ca. 15 Personen, nach oben keine Grenzen.

Raumdekoration:
Luftschlangen, Luftballons, Girlanden, Glücksschweine, Schornsteinfeger usw.

Speisenfolge:
Galabuffet oder mehrgängiges Menü.

Menükarte:
Etwas festlich gestaltete Menükarte, mit aufgemalten Dekorationsmotiven versehen.
Die Menükarte kann gerollt, dann mit einem Bändchen gebunden und in ein Glas (Sektglas) gestellt werden.

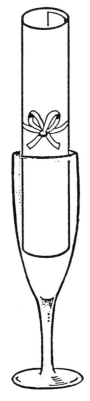

Abb. 409

Getränke:
Wein, Sekt, Champagner.

Tafelform:
Einzeltische oder Blocks, je nach Gästeformation, möglichst keine 2er-Tische.

Abb. 410

In größeren Sälen hat es sich trotz der anfänglichen scheinbaren Sterilität bewährt, die Tische in unten beschriebener Weise in Reihen aneinanderzuketten: abgewandelte Festzeltform ohne Kopftisch mit 4er, 8er und 12er Tischen.
Die Tische bei dieser Festzeltform sind sehr platzsparend aufgestellt und bei entsprechender Numerierung einfach zu finden.

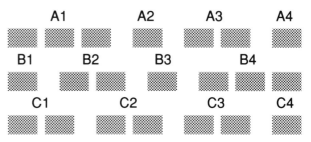

Abb. 411

Gäste von Nachbartischen können Abstand bewahren oder ihren Tisch bei Wunsch problemlos an den Nachbartisch anschieben.

Abb. 412

Und angeschoben:

Abb. 413

Tischwäsche:
Weiß oder dem Raum angepaßt.

Couverts:
Bei Menüs:

Abb. 414

Bei Buffets:
(Brotteller mit Brotmesser und Suppenlöffel können ausgespart werden.)

Teil 4 Verschiedene Bankettarten

Abb. 415

Bei einem 4er-Tisch mit 4 miteinander bereits bekannten Gästen werden die Couverts so eingedeckt:

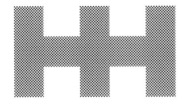

Abb. 416

Werden zwei Paare, die noch nicht miteinander bekannt sind, an einem 4er-Tisch zusammen plaziert, deckt man wie folgt ein:

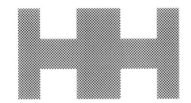

Abb. 417

Im zweiten Fall gibt es mehr Platz zwischen den benachbarten Gedecken und damit zwischen den sich nicht bekannten Gästen, da ja ein zusammengehörendes Gästepaar immer gegenüber sitzt.

Serviettenform:
Möglicherweise der gerollten Menükarte angepaßt, d.h. ebenfalls eine Rolle, in ein Glas gesteckt.

Tischdekoration:
Konfetti, Luftschlangen, kleine Plastikinstrumente, Trillerpfeifen, Knallbonbons, Glückspfennige usw.

Blumendekoration:
Kleine Gestecke, die nicht zu viel Platz einnehmen. Originell ist echter Glücksklee (4-blättrig).

Kerzendekoration:
Je nach Platz kann pro 4er-Tisch eine schmale Kerze gestellt werden.

Servicebekleidung:
Schwarz/weiß, mit Sylvesterhut.

Gästekleidung:
Festlich.

Teilnehmer:
Jeder, nach Reservierung.

Sitzordnung:
Nach Plazierung durch das Personal.

Musik:
Kapelle oder Kapellen.

Ablauf:
Da alle Gäste mit dem Essen gleichzeitig beginnen (vorheriger Sektempfang), empfiehlt sich der Lawinen-Service.

Sonstiges:
Zum Sylvestermenü wird in der Regel ein komplettes Rahmenprogramm angeboten. Hierbei sind u.a. möglich:

- Sektempfang
- Kapellen
- Lifeshow
- Tombola
- Dosenwerfen
- Glücksrad
- Bleigießen
- Sektbar

16. Diner Amical

frei übersetzt: Freundschafts-Essen.

Anlaß:
Wie der Name schon sagt, wird dieses Essen als Freundschafts-Essen angesehen. Es muß kein wichtiger Grund vorliegen.
Möglich wäre z.B. ein Diner Amical
- in einer Hotelfachschule, um geladenen Gästen zu zeigen, wie die Schule arbeitet;

- in einem Hotel. Die Gäste werden eingeladen, um das Hotel kennenzulernen;
- aus politischem Grund, sozusagen, um die Bekanntschaft und Freundschaft zu bewahren.

Im Grunde kann man das Diner Amical als Werbung betrachten, sei es nun für eine bestimmte Einrichtung (wie z.B. Hotelfachschule), oder weil man um die Gunst eines anderen werben möchte, von dem man glaubt, daß diese Bekanntschaft nützlich sein könnte.

Zeitpunkt:
Gewöhnlich abends, das ganze Jahr über.

Ort:
Ein Diner Amical ist etwas festlicher. Aus diesem Grund wird man einen entsprechend geschlossenen Raum suchen. Seltener wird ein Diner Amical in einem Garten oder auf einer Terrasse abgehalten.

Personenzahl:
Hier sind keine Grenzen nach unten oder oben gesetzt. Man beachte aber, daß ein Diner Amical erst sinnvoll wird, wenn mindestens 20 Personen anwesend sind, da sonst der Aufwand zu groß ist. Gleichzeitig sollten nicht zu viele Gäste geladen werden, da der Gastgeber möglichst jeden Gast persönlich kennen und auch die Möglichkeit haben sollte, mit seinen Gästen, wenn auch nur kurz, zu reden.

Raumdekoration:
Der Raum wird nicht besonders dekoriert. Zu diesem Anlaß sollte man sowieso einen Raum wählen, der ein festliches Ambiente verbreitet. Dazu gehören Kronleuchter, Stuck, feine Teppiche usw.

Speisenfolge:
Es gibt keine vorgeschriebene Speisenfolge. Man geht hier aber gewöhnlich von der Französischen Küche aus. Das Menü wird also so zusammengestellt:

Kalte Vorspeise

✼

Suppe

✼

Warme Vorspeise

✼

Sorbet

✼

Hauptgang

✼

Käse

✼

Dessert

✼

Obst

✼

Kaffee und Mignardises

Von diesem Schema kann abgewichen. Man wird in jedem Fall versuchen, möglichst viele Gänge zu servieren.
Die Speisenfolge wird in allen Fällen festlich sein.

Menükarte:
Die Menükarte muß dem Rahmen angepaßt sein. Es gibt aber die Möglichkeit, eine sogenannte „lebende Speisekarte" zu nehmen. Das sind zwei Personen, die jeden Gang ankündigen.

Getränke:
Zu diesem Diner reicht man kostbare Weine oder Champagner.

Tafelform:
Am besten geeignet ist die Billardform, also beliebig viele große, runde Tische.

Tischwäsche:
Den Räumlichkeiten angepaßt, am ehesten weiße Tischwäsche und weiße Servietten.

Couverts:

In unserem Fall gehen wir von einem neungängigen Menü aus. Für dieses Menü können nicht alle Besteckteile eingedeckt werden. Zum einen dürfen nicht mehr als vier (in manchen Ländern drei) Besteckteile auf einer Seite des Couverts eingedeckt sein. Zum anderen, und dieser Grund ist viel einleuchtender, verbraucht man beim Eindecken viel zu viel Platz auf der Tafel. Nicht zu vergessen, daß man bei hundert Personen bereits 1600 Besteckteile (also 16 Besteckteile pro Person) benötigte.

Aus Platzersparnisgründen deckt man den Brotteller über dem Gedeck ein.

Abb. 418

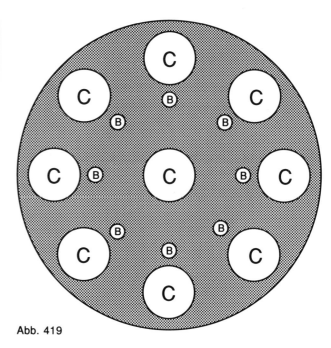

Abb. 419

Serviettenform:

Am besten eine kunstvolle, stehende Serviettenform, gegen die man eine Menükarte lehnen kann.

Tischdekoration:

In unserem Beispiel gehen wir von runden Tischen aus. Durch die Größe der Couverts bedingt ist eine Tischdekoration lediglich in der Tischmitte möglich. Bei einem runden Tisch gibt es sehr viele Möglichkeiten.

Beispiel:
Ein runder Spiegel mit einem Kerzenleuchter in der Mitte. Dieser Kerzenleuchter steht gleichzeitig in einem Blumengesteck. Um den Spiegel herum sind noch weitere Blumen drapiert.

Blumendekoration:

Wie schon vorher beschrieben können direkt auf dem Tisch, eingearbeitet in die Tischdekoration, Blumengestecke angebracht sein. In unserem Fall ein Blumenkranz um den Spiegel, der auf dem Tisch liegt, sowie ein Gesteck, in dem der Kerzenhalter steht.

Im Raum selbst sind überall farblich passende, großzügige Blumengestecke aufgestellt.

Kerzendekoration:

Auf den Tischen lange, hohe, weiße Kerzen in Kerzenhaltern.

Servicebekleidung:

Schwarz/weiß, Smoking oder Frack.

Gästekleidung:

Sehr festlich, langes Abendkleid, Smoking, Frack.

Teilnehmer:

Nur geladene Gäste.

Sitzordnung:

Vorgeschriebene Sitzordnung, die die Gäste aus der Einladung oder auf einem Tafelplan ersehen können.

Ein Tisch, der Haupttisch, ist besetzt mit dem Officier Maître de Table, der gewöhnlich der Gastgeber ist.

Musik:
Am besten ein klassisches Ensemble mit Flöte(n) und Cello.

Ablauf:
Das Menü wird in bekannter Weise serviert. Vor jedem Gang wird in französischer und in deutscher Sprache der nächste Gang angekündigt. Diese Ankündiger haben in unserem Fall kostbare Rokokokostüme an.
Sie stellen gleichzeitig die erwähnte lebende Speisekarte dar, womit man sich eventuell die Menükarte auf den Tischen sparen kann.

Sonstiges:
Ein Diner Amical ist etwas absolut einmaliges. Schon aus diesem Grund muß der Service wirklich hervorragend sein und die Küche Höchstleistung zeigen.
Ein Diner Amical läßt sich immer gut zu Werbezwecken in den Fachzeitungen nutzen.

Abb. 420

Teil 5
Mitarbeiter im Service

1. Organigramm

Mitarbeiter zu motivieren gehört heute zu den größten Herausforderungen eines Vorgesetzten. Sehen wir uns zunächst ein mögliches Organigramm in einem Restaurantbetrieb an:

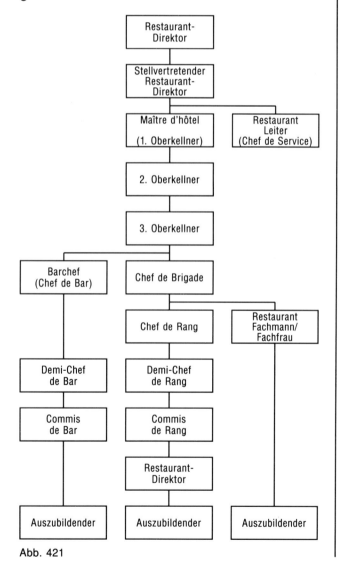
Abb. 421

2. Vorgesetzte – Kollegen – Mitarbeiter

Zuerst unterscheiden wir zwischen Vorgesetzten, Mitarbeitern und Kollegen. Die erwähnte Personengruppe steht so zueinander:

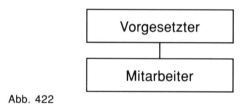
Abb. 422

Der Vorgesetzte steht in der Hierarchie über dem Mitarbeiter
(Chef – Angestellter).

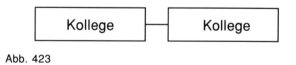
Abb. 423

Kollegen stehen auf gleicher Ebene bei der Arbeit. Das bedeutet, daß fast jeder Angestellte in einem Betrieb Kollegen hat, ebenso wie Mitarbeiter und Vorgesetzte. Wiederum kann jeder Angestellte selbst gleichzeitig Vorgesetzter, Kollege und Mitarbeiter sein, je nachdem, mit welchem anderen Angestellten er gerade zusammen ist. Das soll folgendes Organigramm darstellen:

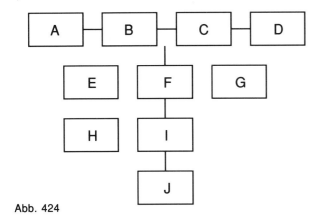
Abb. 424

Kollegen sind A, B, C und D
Kollegen sind E, F und G
Kollegen sind H und I
J hat keine(n) Kollegen
Direkter Vorgesetzter zu E, F und G ist C
Direkter Vorgesetzter zu H und I ist F
Direkter Vorgesetzter zu J ist I
A, B, C und D haben keine direkten Vorgesetzten
Mitarbeiter von C sind E, F, G, H, I und J
Mitarbeiter von F sind H, I und J
Mitarbeiter von I ist J
Der direkte Vorgesetzte unterscheidet sich vom Vorgesetzten dadurch, daß er nur eine Hierarchie-Stufe höher steht als sein Mitarbeiter.
C ist Vorgesetzer von allen anderen Angestellten außer A, B und D.
A hat nur Kollegen, ist aber kein direkter Vorgesetzter.
F ist direkter Mitarbeiter von C, direkter Vorgesetzter von H und I, Vorgesetzer von H, I und J, Kollege von E und G.
Am ungünstigsten trifft es J. Es ist Mitarbeiter von I und hat keine Kollegen.
Dieser komplette Aufbau erscheint im ersten Moment möglicherweise etwas verwirrend, ist aber doch sehr wichtig für den Umgang mit dem Personal aus dem gleichen Betrieb.
Nehmen wir an, B muß einen Auftrag an F geben. B ist aber kein direkter Vorgesetzter zu F. F muß demnach keine Aufträge von B entgegennehmen. B muß sich an seinen Kollegen C wenden. C wird sich dann mit B's Auftrag an F wenden. F berichtet seinerseits nach Ausführung des Auftrags an C. Dieser gibt das Ergebnis an B durch.
Noch (scheinbar) komplizierter wird es, wenn B einen Auftrag für J hat. Obwohl er in der Hierarchie weit über J steht, kann er sich mit seinem Auftrag nicht direkt an J wenden. Er geht wieder an C. C kann nun allerdings ebenfalls nicht direkt den Auftrag an J weiterleiten, da er sonst seinen Mitarbeiter I überspringen würde, was dieser ihm ganz sicher übelnähme. Erst über I kommt der Auftrag zu J. Umgekehrt berichtet J über I und dann F an B.
Welchen Vorteil bringt dieser auf den ersten Blick sehr umständlich wirkende Weg? Könnte sich jeder Vorgesetzte mit Aufträgen an jeden x-beliebigen Mitarbeiter wenden, hätte in unserem Beispiel J insgesamt 9 Chefs. Es wäre für J kaum möglich, alle Aufträge ordnungsgemäß durchzuführen. Möglicherweise würden sich Aufträge sogar widersprechen oder gegenseitig ausschließen.
Arbeitet J nur über I, werden alle Aufträge sortiert und gefiltert, eventuelle Unstimmigkeiten vorher bereits herausgefunden und beseitigt.
Jeder Mitarbeiter kann seine Arbeit korrekt erledigen und hat immer nur einen Chef, an den er berichten muß.
In der Praxis fällt es dem Chef manchmal sehr schwer, den beschriebenen Weg einzuhalten. Wie oft sieht und hört man es, daß mehrere Angestellten-Ebenen einfach übersprungen werden. Das kann schlimme Auswirkungen auf das Betriebsklima haben. Einmal schon aus den oben erklärten Schwierigkeiten für J, andererseits auch für alle übersprungenen und damit übergangenen Vorgesetzten von J. Diese kommen sich dann verständlicherweise überflüssig vor. Und wer möchte gerne überflüssig erscheinen?
Sie selbst haben es als Angestellter in der Hand, sich nach den Regeln zu verhalten. Zweifellos wird ein möglicherweise leicht gestörtes Betriebsklima damit bereits wieder zurechtgerückt. Die Folge ist besseres Arbeiten, besserer Umsatz.
Jede Höflichkeitsregel ist auch auf unsere Mitarbeiter anwendbar. Und oft wirkt es Wunder, wenn ein Abteilungsleiter von ganz oben den ganz unten agierenden Mitarbeiter grüßt, so wie jeden anderen auch.
Dazu zählt auch, daß wir Mitarbeiter nicht einfach duzen sollten, nur weil sie eben Mitarbeiter sind. Sie haben das gleiche Recht, gesiezt zu werden, wie jeder andere Angestellte auch.
Dies gilt speziell auch für extrem betrieblich Abhängige wie Auszubildende. Nur wenn das Verhalten im kompletten Betrieb „leger" ist, kann eventuell auf ein Du zurückgegriffen werden.

Gäste mit zufriedenen Gesichtern...

Holen Sie sich das nötige Know-how für Ihre Karriere im Gastronomie-Service!

Service-Lehrbuch

Herausgeber: Schweizer Wirteverband
1. Auflage 1993, 560 Seiten, über 300 Abb., gebunden

DM 98,-

...das Erfolgsgeheimnis in der Gastronomie!

Empfohlen von 11 Branchenverbänden.

Zu beziehen bei:
Verlagsgruppe Deutscher Fachverlag,
Buchverlag, Mainzer Landstraße 251,
60264 Frankfurt am Main
☎ 0 69/75 95-21 24, FAX 0 69/75 95-21 10

dfv VERLAGSGRUPPE DEUTSCHER FACHVERLAG